生氵[illegible]難，你笑得有點甜

療癒系新銳作家
周檀——著

方舟文化

致　習慣當個配角照亮別人的你

與其哭著追逐，不如笑著主導自己的人生！

PART 1

生活都已經這麼苦了，你為什麼還要這麼軟弱？別等到無可挽回時，才後悔自己不曾改變。現實和夢想其實近在咫尺，你所缺少的，只是邁出第一步的勇敢。

CONTENTS

PART 2

你的付出，讓你變成獨一無二的自己 049

你曾經走過的路、流過的汗，都不會被辜負，它們都會成為你氣質的積澱，陪伴你走過一生。到最後，即使你的堅持和努力，不能讓你成為你最嚮往的人，但那些付出，一定可以讓你變成這世上獨一無二的自己。

PART

3

走自己的路，你就是自己的超級巨星

我們總是很容易看到別人耀眼的光芒，卻忘記了自己也是光芒中的一縷。你可以走自己的路、做自己的夢，過自己喜歡過的人生，沒必要照搬別人的劇本來演，因為你就是自己的超級巨星。

PART 4

讓別人認同與關注，你自己先要「值得」 173

優質高效的朋友圈，不是主動去求來的。要想讓社交變得更有效，我們能做的，不是費勁去討好別人，而是把握好前進的航向，然後努力提升自己。

PART 5

真正的成功，是活成不被生活綁架的自己 219

我們總是拚盡全力，想活成大家所共同認可的樣子，以為那樣才是最有價值、最完美的人生。但其實，真正的成功，或許只是活成不被生活綁架的自己。

PART 6

世上最好聽的情話應該是這樣的：你未出現時，我已擁有了全世界。當你來時，我願意用全世界來換一個你。安全感永遠是自己給自己的，若想擁有幸福美滿的愛情，請從現在開始努力上進，成為無可替代的、更好的自己！

序言

你未來的模樣，就藏在你現在的努力裡

曾經聽過這樣一句話：「未到苦處，不信神佛。」年少時對此不以為意，面對紛紜多變的世事摩拳擦掌、躊躇滿志。等走過人生的第一個二十年，我才慢慢知道了保持內心寧靜的可貴。

我大概是從什麼時候開始寫文章的呢？似乎是在上小學四年級的時候吧！記得在那一年，有一部名叫《神兵小將》的卡通在兒童頻道熱播。卡通播完後，我熱淚盈眶，趴在兼作書桌之用的電子琴上，連續寫了三個晚上，一口氣寫完將近三十頁綠格稿紙，那就是我的第一部作品，是一本童話。於是，我開始一發不可收地寫起來，寫了很多童話，稿紙寫完了一本又一本。

可是，當我快進入中學時，我那成落的手稿被父親發現了。父親抬手指著窗外的電線桿對我說：「在我們這樣的家庭，你想靠寫書賺錢，就跟想從這條電線上走到學校一樣，是根本行不通的。」當時我沒有立刻反駁父親，卻真真切切為著如何順著電線「滑」到學校想了好幾天。

最終，確認了自己沒辦法順著電線滑到學校之後，我著實消沉了一段時間。好在少年人的特徵就是「記吃不記打」（編註：犯錯不知改過），上了中學之後，沒過多久，我便又開始趁著夜深人靜時，躲在被窩裡，開著手電筒，偷偷地寫文章，寫著寫著，牆上那本日曆就往後翻過了十年。

十年歲月裡，從十歲到二十一歲，經歷過的跌倒、爬起、再跌倒、再爬起……我已經數不清有幾重輪回。我長這麼大，做仰臥起坐都沒有這麼頻繁過。幸好我這個人從身體到心理都足夠結實，即便是跌倒了，大不了就在原地躺一會兒，之後還能爬起來繼續跑、繼續摔。

我跑了、摔了十年。直到今天，我終於可以坦蕩地說，我開始在那根「窗外的電線」上走起來了，雖然我的行走速度可能比《龜兔賽跑》裡的烏龜快不了多少，但是那又怎麼樣呢？世上的人皆煩惱，區別只在於：有些人深陷痛苦之中無法自拔；有些人卻可以從泥沼中摸爬滾打地走出來。後者所不同的，就是「看破」和「放下」。

我們常常會莫名其妙地開始追逐一些東西，又莫名其妙地放棄一些東西。習慣性隨波逐流、不夠瞭解自己，這大抵就是一切煩惱的根源。對此，我的個人經驗是：先從你要追尋的目標中跳出來，看清它在這個世界和你人生之中「真實的價值」。只有這樣，你才不會被任何人或事物裹挾，不會因為得到而忘乎所以，也不會因為失去而痛不欲生。無論何時，「笑對生活」永遠是第一重要的事，不強求，不計較，做好一切之後，順遂天意。這不是要你活得消極，而是要你活得不爭。

我做好該做的事情，至於結果好壞，那是天意，與我無關。這世界變幻太多，忙忙碌碌追逐雲端的人也太多，不少我這一個。

前段時間，日本的「斷捨離」紅遍了華人社群。人們常說「斷捨離」的本質在於「空」；我倒覺得「空」字不如「無」字更貼切，更有「拿起之後再放下」的清明感。

我們都需要給自己的心靈卸下些包袱，把那些煩瑣費神的東西從心裡清出去，空下寧靜寬敞的地方，留給生活中更美好的事物。一切繁華，都是由樸素生長而來，我們是時候返璞歸真了。

假如你此時此刻剛好陷入了困境，正在飽受命運的折磨，那麼我很想告訴你，儘管眼下十分艱難，可是日後這段經歷，說不定就會開花結果。無論遇到什麼，哪怕你此刻痛不欲生，你的日子捉襟見肘，請你一定要勇敢面對。在痛苦面前微笑，不是出於神經錯亂，更不是被痛苦嚇傻了，而是要笑給自己看：看吧，日曆一頁頁揭過去，生活總會好起來的。你未來的模樣，就藏在你現在的努力裡。

世界那麼美，好吃的那麼多，有什麼理由不多笑一笑呢？我不是有神論者，也不信奉什麼宗教，可是我真的希望，與這本書相遇的你，雖然歷經坎坷走過半生，卻依然能樂觀堅強、笑著奔跑。我也希望，我的文字能給年輕的你帶來一點安慰，讓你在身心俱疲時可以片刻相倚。

我們都在人生路上行走著，有時是一個人，有時也會有人陪伴。來來去去，都是因緣，不必有太多執念。

即使道不相同，仍然慶幸有你曾經相伴一時。不說再見。

PART 1

你所缺少的，
只是邁出第一步的勇敢

生活都已經這麼苦了，你為什麼還要這麼軟弱？
別等到無可挽回時，才後悔自己不曾改變。
現實和夢想其實近在咫尺，你所缺少的，
只是邁出第一步的勇敢。

生活這麼苦，你為什麼還這麼軟弱

「退堂鼓」小姐畢業後，在我們家鄉的小鎮上當小學老師，每天陪著八、九歲的孩子們朝九晚五，雖然賺的錢不多，但是好在工作清閒舒服。快過年時的某一天，她忽然打電話跟我說，她一點也不喜歡這份工作。

我對此表示理解：「帶小孩子是不容易，妳要是覺得工作壓力太大，等放寒假的時候出去旅遊一下，換換心情！」

退堂鼓小姐不愧是老師，提反對意見的時候都跟說相聲似的：「旅遊有什麼意思啊？現在去哪兒旅遊不是都在看人？就說我上次去故宮吧，整個太和殿裡擠滿了人，連找條路從人群裡鑽出來都費勁。幸虧靈長類動物沒進化出吸盤、翅膀之類的東西，要不然連天花板上、牆上都要擠滿了。」

我說：「那妳就在郊區走走，也能放鬆心情。」

退堂鼓小姐輕歎一聲，語調哀傷地說：「哎呀，我不是因為最近工作壓力大才心生反感的，我是根本就沒喜歡過它！」

「如果妳不喜歡教書育人，那換一份工作不就得了？」

「妳說得倒容易，如果辭職了，我拿什麼養活自己呀？誰來繼續給我繳保險費呀？妳又不是不瞭解我，我沒什麼技能特長，學歷不算高，長得也不夠出挑。說實話，要是真辭了職，我自己都不知道還能幹什麼。」

我一時不知道如何安慰退堂鼓小姐，只好乾巴巴地說：「如果妳不想辦法提升自己，難道甘心永遠忍著這份工作嗎？」

退堂鼓小姐神秘兮兮地說：「當然不可能啦！其實我已經開始提升自己了，我剛從國外買了一顆開運石，賣石頭的大師說，從下個月起我就能轉運啦！」

我剛端起水杯喝了一口水，一聽這話差點兒嗆著。

年輕的灰姑娘，心裡總會裝著一個「變成白雪公主」的夢想。可惜生活不是童話，想要實現夢想，不能只靠著虛無縹緲的南瓜馬車和水晶鞋。

如果你連改變自己的勇氣都沒有，那就別怪人生太苦、日子太難。

上高二的時候，我曾經在敬老院當過一陣子義工，在那段時間裡，我認識了張老。

當時張老已經七十一歲了，雖然身子骨看起來很硬朗，但是因為患有胰腺炎，所以每天把各種藥丸當飯吃。後來沒過多久，張老就在體檢時查出了胰腺癌晚期。醫生冷冰冰地告訴張老和他的家人，他最多能再活半年。

有一天，我陪張老聊天的時候，他突然問我：「小周呀，妳有一定要在這輩子實現的夢想嗎？」

十七歲時的我很認真地想了一會兒，最後卻搖了搖頭。

張老語調悠長地說：「我呀，一輩子就想去一趟非洲。小時候就聽人說過那邊的大河、草原、戈壁和成群的動物，我想親眼看一看。我知道自己活不長了，在剩下的生命裡，我想為自己活一回。」

當時，我並沒有把張老的話放在心上。上了大學後的第一個寒假，我再去敬老院當義工，發現張老已經不在那裡了。院裡的護士告訴我，張老在去年年初就偷偷辦理了出院手續，然後又瞞著家人獨自去了非洲。現在誰也不知道他過得好不好，只知道他每隔幾個月，就會往家裡寄回一張報平安的明信片，上面的郵戳每一次都是不同的國家。

我的記憶一下子回到了兩年前，想起張老曾經對我說的那句話：「在剩下的生命裡，我想為自己活一回。」

大部分的人都過著千篇一律的生活——他們在二十多歲的時候戀愛結婚，在三十多歲時忙著照顧老人、孩子和處理家裡瑣事，在四十多歲時忙著儲蓄養老，同時準備照顧孩子的孩子……也許在人生的某些失眠的夜裡，他們會想起「這不是我想要的生活」，甚至會立下雄心壯志，準備徹底改頭換面。但到了第二天清晨，他們還是會選擇重複那些毫無激情卻早已習慣的日子。

一旦過慣了日復一日的平淡生活，我們就會對每一年的春去秋來不以為意，直到生命即將走到盡頭的時候，我們才會猛然發現：原來自己還有好多想做的事情沒有做，原來自己從來沒有為自己忙碌過。

生活都已經這麼苦了，你為什麼還要這麼軟弱？

別等到無可挽回時，才後悔自己不曾改變。現實和夢想其實近在咫尺，你所缺少的，只是邁出第一步的勇敢。

你應該有過類似的經歷：

說好的要好好養生，再也不吃垃圾食品，可是路過肯德基時，還是忍不住進去點一份套餐，然後一邊啃漢堡、喝可樂，一邊信誓旦旦地說：「這是最後一次，這真的是最後一次！」

說好的要節約時間，再也不逛臉書、看ＩＧ，可是一拿起手機，還是忍不住點開娛樂軟體，一邊樂滋滋地看動態，一邊賭咒發誓地說：「肯定沒有下次了！我保證，我真的保證！」

除了不斷自我勵志，你唯一努力過的事情，就是躺在床上不停地轉發「錦鯉」（編註：轉傳象徵富貴的錦鯉圖給朋友分享祝福的網路活動）。一要你看書學習、提升自己，你就恨不得把自己的生活說得跟總統一樣繁忙，要不就是恨天怨地、責怪星座黃曆……反正生活越來越不順心肯定不是你的錯，那都是月亮惹的禍。

想起節目《朗讀者》中的一句臺詞：「勇敢的人，不是不落淚的人，而是含著淚水繼續奔跑的人。」

在當今時代，每個人都會面臨各種各樣的挑戰。面對棘手的問題，害怕失敗是正常的，心裡打退堂鼓也是正常的。可是怕過了、哭過了，還是要繼續拚下去。因為只有挑戰過極限，我們才能清楚自己的底線，拓寬自己的上限。

當我們猶豫不決、畏首畏尾的時候，這個世界給的壓力就會顯得很大；當我們勇敢邁出改變的第一步時，這個世界給的壓力就會變小。你只有跳出社會和他人為你設置的「安全區」，勇敢地放棄你所熟悉的一切，包括你的憎恨、憤怒或熱愛，以及你的恐懼、奢望和貪婪，你才有可能成為真正的自己。

生活很難，我們都需要一點勇敢。

當你無牽無掛、全心全意地投入生活時，你就會發現：在不知不覺間，你已重新燃起了生活的熱情，而夢想已經不再遙遠。

來杯熱可可，甜笑一下

一直很想做的事，去做了嗎？
明天起，還打算重複那些毫無激情
卻早已習慣的日子嗎？
跨越眾口鑠金的「安全區」，
離開美其名的「保護傘」，
開始走自己人生的主線道。

不管幾歲，都是追夢最好的年紀

暖洋洋的夏天過去之後，轉眼間，澳洲的氣溫就降了下來。雖然日曆扯謊說冬天還早，但綿綿不絕的陰雨卻挾著寒風姍姍而來。在這樣陰冷的天氣裡，如果沒什麼要緊事，誰也不想出門去受凍。可是雪梨街區的一家游泳館，卻在這種壞天氣裡，迎來了四位從未謀面的顧客。

這四個人的頭髮都已花白，背也有些佝僂，甚至連走路都給人一種弱不禁風的感覺。他們步調緩慢，卻又十分堅定地走到游泳館前臺，對工作人員說：「請幫我們登記，我們要報名參加今年的街道冬泳比賽。」

工作人員愣了一下，隨即又恢復職業性的微笑：「好的。可以請你們簡單介紹一下自己的情況嗎？我來填一下報名表。」

站在中間的一位老人上前半步，自我介紹說：「我叫約翰，另外三位是我最好的朋友。我們的年齡分別是八十二歲、八十一歲、七十七歲和七十四歲。」

工作人員說：「非常抱歉，冬泳比賽有規定，不能接受年齡超過七十歲的人報名。所以，你們還是請回吧！」

這位叫約翰的老人，把枯木似的手按在櫃檯上，有些固執地說：「別看我們上了年紀，我們的身體都很好，這一年都沒生過病，我們也學過游泳，絕對不會給人添麻煩。一起參加冬泳比賽是我們的夢想，請您無論如何幫幫我們。」

工作人員終於忍不住笑了，這四個年齡加起來超過三百歲的老人，不好好在家喝咖啡、看報紙也就罷了，居然還提什麼「實現夢想」，真是異想天開。

約翰似乎從工作人員的笑意中看出了他的心思，於是鄭重地說：「我知道肯定會有人笑話我們不自量力。可是上帝和法律都賦予每一個人做夢的權利，如果你是我們的話，難道你會希望自己帶著遺憾離開人世嗎？」

最終，約翰的話感動了比賽的負責人，老人們終於如願參加了冬泳比賽，他們當中的三個人成功游完了全程。雖然成績不理想，但他們還是很開心。

上面這個故事，是住在我家隔壁的王阿姨講給我聽的。故事講完之後，五十八歲的王阿姨跟我說：「我們社區不是剛成立了老年芭蕾舞學習班嗎？我想去報名，可是我女兒擔心我的身體，死活都不讓我報名。我看妳這孩子從小就很機靈，能不能幫我跟她說說？」

我趕緊客氣地拱手推託：「王阿姨，您太抬舉我了，您就把剛才跟我講的這個故事，原封不動地給您女兒再講一遍，我保證她一定同意。」

王阿姨進一步攻勢：「你不用跟我耍嘴皮子！這樣吧，妳要是能幫我這個忙，阿姨就獎勵妳一頓火鍋。」

聽到「火鍋」兩個字，我動心了。可是我還是不能理解：為什麼王阿姨都一把年紀了，還要折騰自己去學跳舞？於是我問：「阿姨呀，您都這麼大歲數了，學點書法繪畫什麼的不是也很好嘛，為什麼非要學芭蕾舞呀？」

王阿姨兩手掐腰，做出一副王熙鳳似的潑辣表情反問我：「妳看過芭蕾舞劇《天鵝湖》嗎？」

我慚愧地搖頭：「沒有。」

「我就是看了《天鵝湖》才喜歡上芭蕾舞的。可是小時候家裡沒錢，長大了自己又沒時間，所以這夢想一擱淺就是幾十年。就像我跟妳講的那個故事一樣，雖然我現在老了，但我不想一輩子都留個心結呀！」

後來，王阿姨終於勸服了女兒，開始學習芭蕾舞了。王阿姨很珍惜這次機會，除了在社區的老年班上課，她還聘請了專業的舞蹈教師幫自己額外補習。她每個星期都要上三次專業的舞蹈課，每天吃完晚飯之後，更是雷打不動地在自家客廳裡練習基本功，常常一練就是一、兩個小時。

芭蕾舞對舞者的基本功和身體柔韌度要求很高。王阿姨以前從沒接觸過舞蹈，平時連社區門口的廣場舞都跳不俐落，她從零基礎開始學習芭蕾舞的艱難，可想而知。王阿姨的女兒以為母親只是三分鐘熱度，受了挫就不會再繼續「胡鬧」下去了。

可是王阿姨硬是憑著一股熱情堅持了下來。一年以後，她不僅成為社區老年芭蕾舞班的臺柱，還帶著芭蕾舞班的其他成員，一起參加了社區舉辦的文藝演出，而她們表演的劇碼正是《天鵝湖》。

我沒看過《天鵝湖》的原版，但是當我看到那些平均年齡超過六十歲的阿姨們，欣喜地穿上「白天鵝」的舞蹈服，神情優雅地完成每一個輕盈曼妙的舞步時，我就知道，這一定會是令我印象最深刻的一版《天鵝湖》。

後來，每當我在寫作中陷入困境，甚至想要放棄的時候，我都會想起王阿姨她們跳的這支《天鵝湖》。

我總是在想：王阿姨她們這群人，究竟為了夢想付出了多少努力，才能從容地在眾人面前展現出天鵝般的舞姿？

連鬢髮斑白的人都不曾懈怠過夢想，我們還有什麼資格以一句輕飄飄的「老了」，就放棄成為更好的自己？

梭羅曾說：「只有執著追求並從中得到最大快樂的人，才是成功者。」當與困難狹路相逢時，很多人都喜歡立刻繳械投降、掉頭就跑，然後再找萬千理由來掩蓋自己的懦弱。可是等到這些人垂垂老矣時，他們又會開始深深自責，同時眼紅起那些承受住了困難、冷眼和嘲笑，並且得以浴火重生的人。

夢想與年齡並不呈負相關，不管你幾歲，追夢的最好年紀，都在當下。

年輕時的我們有衝勁、有膽氣，就算摔倒了也不怕疼，大不了就從頭再來；成熟後的我們有積澱、有內涵，就算失敗了也不怕苦，因為相信早晚會東山再起。

束縛住我們手腳的，真是年齡壓力嗎？還是我們不想承認的那顆「怕麻煩、怕失敗」的懦弱之心呢？

秋日裡晚風微涼。我迎著風，戴著耳機走在路上，用手機重複收聽著小男孩樂團一首名叫〈Feel the Heat〉的歌。這是一首由一群半路出家的「七年級生」年輕人所創作的歌曲，歌詞很勵志，旋律也很鼓舞人心。可是誰能想到，在成立樂團之前，這群年輕人從事的都是與音樂八竿子打不著的工作，他們也都過著溫暾水似的平淡生活。

如果沒有堅持夢想，他們可能也會跟社會上絕大部分的人一樣，在適當的年齡戀愛結婚、生育子女，然後慢慢守著歲月變老。對音樂夢想的執著，卻讓這些普通人走到了一起，並推動著他們慢慢書寫起屬於自己的奇蹟。雖然直到現在，他們的歌仍然沒有獲得太高的社會普及度，但是那激昂的鼓點和電音、那振奮與沉鬱交錯的節奏，都在告訴著世人一個亙古不變的道理：夢想面前，沒有年齡長幼之分，只有「勇敢堅持的成功者」和「畏難退縮的失敗者」。

年齡的包袱也好，旁人的白眼也好，就讓它隨風而去吧！你要永遠記得：在困難面前保持微笑。因為我們的夢想和執著，終將征服整個世界。

來杯熱可可，甜笑一下

束縛住我們手腳的，真的是年齡壓力嗎？
還是我們不想承認的，
那顆「怕麻煩、怕失敗」的懦弱之心呢？
與其守著歲月慢慢變老，
何不在生命的沙場裡放膽闖一闖。

你沒有變強，是因為一直很舒服

我正式開始從事寫作是在十九歲。那時候，我寫出來的稿子品質很差，文學性暫且不提，連基本的故事線索都理不清楚。好不容易寫出來一篇像樣的文章，可是投給好幾家雜誌社和公眾號（編註：公開讓大眾瀏覽和訂閱，可刊登訊息或文章作品的網路平台）都石沉大海、杳無音信。碰上一個有回音的，也得讓我把文章翻來覆去地改上好幾遍，賺的稿費連吃頓火鍋都不夠。

二十歲時，我開始寫小說。我趁著暑假，把自己關在家裡，花了兩個月的時間寫完初稿，又壯著膽子把樣稿投給幾家出版社。可是，滿心忐忑地等了半年多，這些投稿照舊是魚沉雁杳。我心一狠，直接上網抄了一百家出版社的聯繫方式，再一個一個地把小說投了過去，然後又等了半年多。這一次，我總算收到了回音，算上自動回覆的郵件，一共收到十一封回郵。當然，全是退稿。

後來，我的投稿終於慢慢都有了回應，雖然還是退得多、過得少。

剛開始，每次收到退稿信的時候，我總要傷心好幾天。退稿信收得多了，我難免會開始懷疑自己：我到底是不是寫作這塊料？我是不是該換一條路走？每到這時，我就會打開電腦，看看自己發表過的作品，再看看讀者們寫給我的書評，就會鼓起再寫、再試的勇氣。

當我收到的退稿函攢到幾百封時，我學會了看淡「被否定」的陣痛，偶爾手機信箱有了收件提醒，我照舊先忙自己的，等閒下來時才點開看。

現在想來，當年多虧那些退稿函，我才能在每一次的失落中都能有所收穫，在不被認可的陣痛中得以不斷改進自己。

在堆積如山的否定甚至是嘲笑當中，我慢慢熬過了剛入行時的黑暗歲月，迎來了有所收穫的曙光。我看著自己的文筆一天比一天精細起來，我的稿費也從當年的十幾元人民幣漲到幾十元，再到如今的幾百元。在即將步入二十一歲的時候，我終於一點一點地把自己的事業推向了正軌。

當我終於簽約了自己的第一本書時，我的很多朋友都以為我是撞了大運，才得到了出版公司的垂青。只有我知道：運氣是不會無緣無故從天而降的，「努力」才是運氣的伏筆。

看過日出的人都知道，破曉前的黑夜往往是最黑暗的。人生也一樣，在守候成功到來之前的日子，往往最黑暗、最痛苦。只可惜，很多人未等到黎明綻放，就已經耗盡了努力的勇氣。

暫時失落沒關係。誰都會有一段不如意的黑暗時光，只要你願意忍下去，願意相信自己的未來還有希望，那片屬於你的黎明曙光，早晚都會到來。

大二那年，我在學校附近的高考補習班做兼職老師。在那裡，我遇到了阿鐘。阿鐘是我們班裡最獨特的學生，他就讀的高中在當地籍籍無名，他的學習成績也不算特別出眾，可是雄心勃勃的他，卻堅持要報考中國政法大學。

補習班裡有不少經驗豐富的老教師，他們好心勸他：「你的起始點太低了，報考中國政法大學的難度很大，還是選一個容易點的大學作為目標吧！」

阿鐘說：「道理我都明白，但我還是不想改變初心。如果最後我的能力不及，那麼沒考上也不必有遺憾；但如果我只是因為害怕失敗就退縮了，那我一定會後悔一輩子。」

阿鐘所讀的高中，平均每年只有兩百多人掛上高標大學錄取門檻。其中，能夠達到中國政法大學分數線的人，更是屈指可數。可是等到高考分數出來時，阿鐘的成績居然真像演電視劇一樣，高得令人震驚。而且在整個補習班裡，只有阿鐘一個人考過了一等分數線。雖然阿鐘的分數，距離他中國政法大學的目標還有點遠，可是誰也不能否認，他的高考是成功的。他真的憑藉著努力，超越了自己的上限，實現了「醜小鴨變白天鵝」般的華麗逆轉。

高考結束後的那個夏天，在畢業生經驗分享會上，阿鐘有些生澀地走上講臺，聲音小卻篤定地說：「我的祕訣很簡單，就是無論每次模擬考試的成績如何，都堅持每天在早晨五點半準時起床自習，一直研讀到半夜十二點才上床休息，直到考前一週，從不間斷。」

人生最痛苦的事情不是失敗，而是你本可以，但你卻沒有去做。你如果不拚命努力一次，就永遠不知道自己到底有多讚。

這是一個廣闊自由的時代，每個人都有機會靠著自己的勤奮和努力，在自己謀求的階層當中爭得一個位置。

在那些所謂的「平步青雲」者的光環之下，我們常常會不由得放大了他們一朝功成的耀眼時刻，卻忘記了曾經的他們，為了等待宣告成功的這一秒，默默地在背後付出了多少努力。

很多初入社會的年輕人，都要經歷一場暗無天日的考驗：孤單一人，無依無靠；努力總是不被肯定，辛苦往往無人問津；即使拚盡全力，結果也總是不盡如人意……這是社會給我們的第一次下馬威，很多年輕人的夢想，都折翼在這段黑暗的日子裡。

可是，在這場盛大的考驗過後，還有另外一類人——那些在痛苦面前也能咬緊牙關、跟「命運」互掐脖子的人。他們挺過了苦難的「猛火爆炒」，挨過了生活的「小火慢煎」，把曾經受過的傷一點點地，變成身上堅不可摧的鎧甲，把曾經忍過去的痛苦，慢慢變成踩在腳下的臺階，托著自己一步步爬上頂峰。

你沒有變強，是因為你一直很舒服。很多時候，你的不如意，不是因為你沒有機會、不夠漂亮、運氣不好，而是因為你還不夠努力。敷衍生活的人，生活也會施以報復。這就是人生最淺顯的道理。

無論何時，都請你不要停下向前走的腳步。一個人只要不停地走，不停地朝著夢想的方向努力，總有一天會收穫屬於你的風光。

來杯熱可可，甜笑一下

過去那些不光彩的事，是真的失敗嗎？
還是因為害怕失敗而太早退縮了？
不要只去放大別人成功的那一刻，
要加大的，
是自己每天邁出去的步伐。

成功的路，就是專找罪受

第一個故事。

阿碧出生於貴州遵義的小山村。由於家境貧寒，阿碧從小便吃盡了苦頭。後來，阿碧與一名技術員結了婚，可惜婚後沒多久丈夫就撒手人寰，留下兩個兒子給她。當時村裡很多人都去城裡打工，阿碧也想進城，可是看看身邊年幼的兒子，她還是不忍心就此離開。為了照顧兩個兒子，她開始以賣涼粉為生。

為了保證涼粉的品質新鮮，每天天未亮時，阿碧就得趕最早的一班車進城，到離家五公里外的市場，採買製作涼粉的原料，每天一買就是上百斤。儘管生活非常艱苦，但是阿碧硬是靠著一碗碗涼粉，將兩個兒子撫養長大。為了招攬生意，阿碧自製了很多豆豉辣醬、香辣菜等下飯菜，免費提供給來買涼粉的客人，和一些沒錢吃飽飯的學生。後來她偶然發現，很多老顧客都不是為了涼粉而來，而是專程為了吃她的辣醬和鹹菜。阿碧確認了這件事之後，就咬牙拿出所有積蓄，借了村委會的兩間平房，創辦了自己的辣醬工廠。

在創業初期，沒有足夠的資金買玻璃罐，阿碧就自己去玻璃廠賒罐子；沒有宣傳海報和代言人，阿碧就自己找攝影師拍照，把自己的照片印到產品標籤上；工廠上下只有四十多人，有些年輕人怕辣，不敢切辣椒，阿碧就親自帶著工人上手切辣椒、炒辣醬，再一瓶瓶地貼標籤、裝罐、密封。終於，阿碧的第一批辣醬在生產線上誕生了。然而，因為沒有有力的宣傳，產品做出來之後遲遲賣不出去。阿碧急了，她親自跑到大街小巷的飯店、食堂和食品店去推銷，甚至跟店家放出了「賣不出去就退貨，賣出去再給錢」的狠話。就這樣，她的辣醬迅速在貴陽打響，僅用四年時間就行銷到全國各地，成為全國人民餐桌上的「主食伴侶」。

這款風靡全中國的辣醬叫作「老乾媽」，這位阿碧，就是被譽為「中國最辣女子」的「老乾媽」創始人陶華碧。

第二個故事。

設想一下，一個生來就沒有四肢的人，他的生活將會怎樣？你或許會覺得：這樣的可憐人，能夠苟活下來就不容易了。然而，事實卻是：這個人不僅活了下來，而且活得比很多四肢健全的人還要精彩！雖然殘缺的身體，曾經帶給他無數的痛苦與磨難，但是他沒有因此而沉溺於自卑當中，而是用不屈的精神，創造了一個又一個奇蹟。這個逆轉了人生的人，名叫尼克．胡哲。

尼克出生時就沒有四肢，只有軀幹和頭部。他不能像四肢健全的人一樣自如地走路，甚至連拿東西、上廁所、喝水吃飯之類的小事也做不到，只能靠母親幫忙完成。更屈辱的是，無論到哪裡，他都會被視為「怪物」，遭受陌生人的圍觀。童年時的尼克飽受嘲笑與欺辱，這一度使他悲觀至極，甚至還曾嘗試在浴缸裡淹死自己。幸好父母及時發現，尼克才撿回一條命。經歷過死亡體驗之後，尼克選擇了堅強，他開始學著自己照顧自己。不僅如此，尼克還培養了諸如游泳、衝浪等興趣愛好，之後又考上了大學，拿到了雙學位。如今的尼克是全球知名的勵志演說家，他雖然沒有雙腿，卻在信念的支持下走遍了全世界。他與世界各地的人們分享自己的人生經歷，用他的堅強樂觀感染著許多人，並幫助他們走出各自的迷茫和困境。

雖然成功的人各有各的成功之路，但是他們卻有一點共同之處：他們都不安於現狀，偏愛「折騰」自己，專找罪受。

假如出身山村、一窮二白的阿碧，當初沒有勇敢地選擇開工廠創業；假如一出生就輸在起跑點的尼克．胡哲，在命運的玩笑下選擇就此妥協，那麼，他們的人生想必都會跟現在完全不同。

兩年前去內蒙古旅行的時候，我聽當地人講過鷹隼訓子的故事。小鷹剛出生幾天，母鷹就會把小鷹叼到懸崖邊上，再毫不留情地將牠們摔下去。這時，小鷹就會因為求生本能，在下墜的過程中學會獨自飛翔。當地人說，鷹隼之所以能稱霸天空，靠的就是這種近乎殘忍的訓練。我不瞭解生物學，但我總覺得，鷹尚且如此，人當亦然。雄鷹之所以不同於群雞，或許就是因為當小雞們或爭食、或遊戲、或吃飽就睡的時候，雄鷹們卻正在與風雨和藍天搏鬥吧。

如果苦難無法避免，你就迎難而上，至少多個機會。不管眼前有多難，不管前方是陡崖還是荊棘，儘管勇敢地走下去吧！畢竟，若不先縱身躍下懸崖，你怎麼會發現自己還有一雙翅膀呢？

來杯熱可可，甜笑一下

如群雞爭食玩樂、吃飽就睡，
養出一身待宰雞肉？
或如雄鷹般與風雨藍天搏鬥，
練就一生結實肌肉？
你正在做的，和心底渴望的是否相同？
你比較希望自己活成哪一種樣子？

你所謂的穩定，不過是一種僥倖

大學時認識一位「拚命三郎」F君，他比我大一屆，同校不同系。在朋友圈裡，F君以愛「折騰」著稱。從大二起，F君就開始創業。當同級生在體驗甜蜜的戀愛時，他在為自己的專案找投資人；當同級生在為生活費焦頭爛額的時候，他還在為新企畫案找投資人；當同級生都在忙著期末考試的時候，他提前申請了緩考，在寢室裡大門不出二門不邁、晝夜不分地做路演（編註：透過現場解說演示，加強投資者對投資項目的了解與意願）的PPT，準備去參加一個跨越了大半個中國的「商業模擬挑戰賽」（簡稱「商賽」），順便找投資人。

在F君犧牲了愛情、睡眠、學業的不懈努力下，他的投資計畫終於打動了一家公司，他拿到了足額的經費。F君用這筆經費，在校園裡推出了一個幫助大學生線上買賣閒置物品的APP（應用程式），獲得了不小的成功。後來，他又趁勢設計了新專案，聯合另一家更大的公司，推出一款校內專用的網路硬碟，此舉又是名利雙收。隨著創業項目越來越多，F君的生活也越來越忙，常常要天南海北地「飛」去參加商賽。可是就算如此，F君的學習成績也沒落下，硬是穩穩地守住了系裡前十名。我們都覺得他有祕不示人的特異功能，可以二十四小時連番工作，不吃不喝不睡。

F君憑藉著自己能折騰、敢拚命努力的「特異功能」，賺到了人生第一桶金。在大學未畢業時，F君的存款就已經達到了六位數，比很多已經步入社會的人還多。我們都以為F君的事業會就此一帆風順下去。那時候，許多人爭相與F君結交，彷彿只要加入他的微信，就已經一隻腳跨進了「人生贏家」的行列。然而，臨近畢業的時候，F君忽然在清晨發了一則訊息說，他破產了。

畢業後的聚會，我們幾個朋友誰也沒敢在F君面前，再去提及他創業破產的事情。誰料，F君自己卻非常豁達，主動跟我們講了起來：「五月初，我跟合夥公司談判破裂了。我用全部積蓄買斷了我之前的創意和專案，然後淨身離職。」

我們這些生意場上的門外漢不解：「你前不久不是還在籌備研發新專案嗎，為什麼突然就拆夥解約了呢？」

F君的回答沒有一點苦味：「主要是因為後續服務對象難以擴大，再加上價值觀方面的一些問題。我的律師朋友本來勸我放棄之前的產品，至少留一點存款，方便以後東山再起。但是我覺得，每一個專案都像是我的孩子一樣，我真捨不得讓它們離我而去。」

我有些不忍心，安慰F君說：「我們都是朋友，如果你心裡難受的話，儘管敞開了哭一會兒。你明明努力了這麼多年，付出了這麼多心血，到頭來卻什麼也沒有得到，怎麼會不傷心呢？」

F君平靜地笑笑：「我真的沒事。在創業前，我就已經想過了破產之後該走的路。所以，無論結果惡劣到什麼地步，我都能接受。」看我哭喪著臉，F君反而拍拍我的肩膀，半開玩笑地說：「說實話，自從開始創業之後，我還從來沒有這麼輕鬆過！你看看現在的我，真是從頭到腳一身輕啦！」

「那你之後打算怎麼辦？」一個朋友問。

「我簽了一家美國的軟體公司，準備先去洛杉磯工作兩年。」

「也好，既然找到了工作，以後就踏踏實實上班過日子吧！」

「不。」F君搖頭，說得斬釘截鐵：「等我在美國賺到一點錢和技術經驗之後，我還會再回來繼續創業！」

那位朋友被他的堅定意志嚇得一愣，可是看到F君並沒有受到創業失敗的影響，大家也就放心了。聚會結束後，因為我與F君住的公寓在一處，便一起慢慢走回家。回家路上，我借著路燈的光，看著F君那張與年齡嚴重不符的、過於堅毅穩重的臉龐，終於忍不住讓心裡的疑問脫口而出。

「F君，你有沒有這麼設想過呢？如果你在上學的這幾年裡沒有那麼折騰，而是好好讀書考研究所，將來在二線城市找一份穩定的工作，或者回家考一個公務員，或許你就不會遇到這麼多煩心事，也不會像現在這樣累了。」

路燈下的F君笑了：「其實，每個人的生活當中，都充滿了各種各樣的麻煩，我們這一生就是為了解決各種麻煩而來的，即便怕麻煩、怕辛苦，該解決的問題想逃也逃不掉。」

「但是，你可以選擇一條相對來說更穩定、更好走的路呀！」

「我從來不認為哪一條路會比其他的路更好走。無論選擇哪一種生活方式，每個人的殫精竭慮其實都大致相同。如果，你真的以為人生裡會有一條無比平穩又順暢的路，那麼我只能說，你所謂的穩定，不過是一種僥倖。」

上國二的時候，有一天我放學回家，發現平時熱鬧的家裡空無一人。看了母親留在茶几上的字條，我才知道就在那一天下午，我那一向身體健康的父親，因為突發急性胰腺炎住院了。

趕到醫院後我瞭解了詳情。那天下午，父親突然覺得腹痛難忍，他開車去小鎮的醫院掛號、排隊、化驗，折騰了兩個多小時，才被醫生診斷為「急性胰腺炎」。可是，家鄉的小醫院治不了這種急病，母親便陪同父親到一百公里外的大城市就醫。醫院是找到了，然而，家裡一時湊不出來給父親住院的錢。一向慢性子的母親急得生了口瘡，到處打電話向親戚朋友們借錢，借了一圈，才勉強湊出七天的住院費，讓父親進了病房。

因為錢不夠，父親本該住七天加護病房，最後只住了兩天便轉移到了普通病房，在普通病房只住了不到五天便出了院。

那是我第一次近距離接觸生與死的變故。幸好，父親在母親的悉心照料下，最終漸漸恢復了健康，至今也沒有舊病復發。我本已漸漸忘卻了少年時經歷的這件意外之事，然而，F君的一番話，令我再次回想起了當時的情景。我這才猛然意識到，原來我習以為常的平靜生活，只不過是上天恩賜的幸運。如果不知道居安思危，此時此刻的平靜，隨時都有可能成為泡影。

提到居安思危，我想起了朝鮮的開國之祖箕子的故事。

箕子曾經侍奉商紂王。當時的商朝國力鼎盛，於是，紂王一登基，就立刻讓能工巧匠為自己打造了一副象牙筷子。箕子聽說這件事之後，立刻預言商朝必定亡於紂王。群臣吏民們一頭霧水、不解其因，箕子解釋說：「你們想想，紂王有了象牙筷子，那肯定不願意再配著陶土的杯碗吃飯，得配犀牛角或者白玉做的杯碗才相得益彰；有了象牙筷、白玉杯，那就肯定不能再吃粗茶淡飯，得吃山珍海味、喝美酒佳釀才不失身分；吃喝都這麼高級了，那穿的衣服也不可能再是粗布麻衣，一定要穿華貴的絲綢禮服。以此類推，紂王日後必定還要住高樓廣廈、游亭台樓榭、賞百花之艷……長久下來，國力必定會因這種腐朽的生活而衰弱，國家滅亡便只是時間問題了。」

箕子撂下這句預言之後，便遠離朝堂，隱居起來，定居於朝鮮。後來，紂王果然成了歷史上有名的暴君，商朝也被周武王推翻，改朝換代。

看似穩定的局面，其實最容易出現問題。許多現下看似穩定的行業，其實正在悄然發生變化。二十幾年前，人們都以為在國營企業工廠的工作最穩定，當某一天工廠忽然轉型或倒閉時，一些過慣了安穩日子的人才發現：自己年近半百、一無所長，只能在突如其來的意外面前乖乖「繳械投降」。

現實生活的最大特點，就是非常「現實」。無論你的未來規劃多麼精密，還是難免會遇到各種意外插曲。一味追求舒適安逸，最終往往會走向平淡乏味，失去危機意識。你最初選擇的歲月靜好，或許在某一天，也會讓你的生活變得波瀾迭起。

所見的眼前「穩定」，不過是有人為你遮擋下風雨罷了。我們要感激那些雪中送炭的人，更要好好珍惜當下，但是，不要長久沉溺於眼前的穩定當中。我們要記得：「穩定」也是一個動態詞，今日的穩定，絕不代表永恆。

不要流連於穩定。在尚有閒暇的平時，多讀一些感興趣的書，多學習一些技能和知識，這樣，未來遭遇變故時，你就多了一些選擇。

不要沉溺於穩定。在尚有結餘的時候，多存點錢給父母，再學點理財知識，這樣，未來突逢困境時，你就多了一重保障。

不要癡迷於穩定。穩定與困境一樣，都不過是暫時的。只有讓自己先修煉成「金剛不壞之身」，在未來的陽光和風雨中，你才不會迷失自己，而能走好腳下的路。

居安思危，任重道遠。我們要做一個溫暖堅強的人，淺淺笑，穩穩走。

來杯熱可可，甜笑一下

眼前的「穩定」，
不過是有人為你擋下了風雨。
那個人是誰？
你曾心懷感激表示謝意嗎？
那些風雨的來處，
你打算繼之順勢或與之逆行？
居安思危是人生常態，
永遠要做好「超過眼前需要」的準備。

PART 2

你的付出，讓你變成獨一無二的自己

你曾經走過的路、流過的汗，都不會被辜負，
它們都會成為你氣質的積澱，陪伴你走過一生。
到最後，即使你的堅持和努力，不能讓你成為你最嚮往的人，
但那些付出，一定可以
讓你變成這世上獨一無二的自己。

奇蹟不是想出來的，而是做出來的

前幾天，我在圖書館門口遇見了久未謀面的學姐胖胖。

胖胖這個人「體」不胖，「心」卻寬得出奇。我從來沒遇見過比她更「不動如山」的人，無論身邊的同學、朋友是忙碌還是清閒，無論自己的成績是低分飄過還是紅燈高掛，她都能穩坐寢室，除了吃喝拉撒絕不出門。只要沒有必修課，胖胖能從晚上十點一直睡到第二天下午一點，醒來之後再隨便吃點東西，百無聊賴地刷抖音、淘寶、B站影片，睏了就大被蒙過頭，接著睡到第二天的日上三竿，然後繼續重複前一天的生活。

胖胖一直自詡是與世無爭之人，但久別偶遇之時，她一見到我開口居然說：「阿檀，見到妳正好，我現在要去聽一場關於就業的經驗分享講座，妳跟我一起去吧！」聽到胖胖這麼一說，我好奇究竟是怎樣的奇蹟之力，才能把她從寢室裡召喚出來，於是便欣然同往。可去了之後才知道，這場所謂的就業分享講座，只不過是一場打著「勵志」之名兜售課程的鬧劇。

走出會場時，胖胖很傷心：「阿檀，我直到現在才明白，自己的大學四年算是白過了。眼看那些決定考研究所的同學，早都已經開始準備，選擇就業的同學也大都找到了工作，可是我連自己能做什麼都不知道。再幾個月我就要畢業了，妳說，我還有可能等到奇蹟發生嗎？」

我看著胖胖一臉惆悵的表情，知道她期待著我的安慰。於是我很認真地拍拍她的肩膀：「還是做夢去吧，夢裡什麼都有！」

生活其實很公平，它為出身寒門的人提供了一顆名為「奇蹟」的種子，只要懷揣夢想的人，每天用辛勞的汗水澆灌，它就能夠厚積薄發，在恰當的時刻綻放出耀眼的花朵。

你不想好好努力，卻又盼著有奇蹟發生，那就別怪自己處處碰壁，叫天不應，叫地不靈。

陪同導師做專案時，認識了和胖胖同屆的另一個學姐，名叫Sunny。和柔軟又心寬的胖胖不同，Sunny就像一團霹靂火，敢想敢做、雷厲風行。她的境遇和胖胖完全不同，在胖胖為了未來的路滿腹憂愁的時候，Sunny則以年薪二十三萬人民幣的待遇，拿到了北京奇虎科技有限公司（即360）總部的錄用通知。對比身邊初入職場的大學生，拿著每月兩、三千的實習工資，年薪二十多萬的起點實在不算低。更何況 Sunny 的家境並不好，學歷也稱不上亮眼。她靠什麼才從八百多萬的應屆畢業生中脫穎而出，得到這份令人羨慕的工作機會的呢？

許多認識 Sunny 的人都說，她是撞到了「狗屎運」，才恰好碰到奇蹟降臨。

可是Sunny卻不以為然。在優秀畢業生的經驗分享會上，她說：「很多人都說我是交了好運才得到３６０的錄取，其實我的這份工作並不是從天而降的，而是我自己親手『搶』來的。在大學時，我就一直關注著幾家很有潛力和實力的公司，其中我最心儀的公司就是奇虎３６０。我參加了幾次校園徵才活動，都沒有找到奇虎公司的招募啟事，細細打聽才知道，奇虎公司近幾年在學校裡都沒有招募名額。你們知道我接下來是怎麼做的嗎？」

台下的人紛紛說：「不知道。」

Sunny 輕輕一笑，說：「我買了一張火車票，直接跑到了奇虎公司在北京的總部，在他們公司大樓門前的花壇邊，坐了整整一個上午。」

有人好奇地詢問：「妳坐在門口幹什麼？」

Sunny 說：「我在看人。整整一上午的時間，我都在觀察每一個進出３６０公司大樓的員工，我要找到那個能給我面試機會的人。直到快下午時，我看到一輛名車停在大樓門前，從車上走下來一個西裝革履、經理氣質的人，我確信自己的機會來了。我滿腔自信地迎上去攔住他，把自己的簡歷遞了過去，同時跟他說：『我是應屆畢業生，一直很仰慕貴公司，但貴公司今年在我的學校沒有招募計畫，所以我就專程來毛遂自薦了，希望您能給我一個面試的機會。』」

那個被我攔住的經理先是一愣，然後翻看了我的簡歷，同意了我的請求，立刻安排專人進行面試。因為事出突然，原定三輪的面試全部壓在了一個下午完成。面試整整進行了六個多小時，我最終從頭到尾挺了過來，得到了這份工作。後來我才知道，自己在門口攔下的那個人，就是奇虎360的執行總裁周鴻禕。」那場分享會結束後，學校裡再也沒有質疑Sunny的聲音了。

是那些成功的人運氣太好了嗎？大家都有自己的夢想，而差的就是一顆「立即行動」的心。

剛剛進入社會、正處在「黑暗期」的你，也許總會對生活心生不滿，覺得上天對不起自己。可是當你拿著父母的錢吃香喝辣、享受生活，追求著詩和遠方、花和愛情的時候，你卻從來沒這麼想過。

你每天不是在打電動、逛臉書，就是在唱歌、聊天、玩ＩＧ；你的早晨從中午開始，中午從半夜開始；一翻開書就頭疼，一到半夜就興奮；每一科都得靠跟教授求情，才能勉強及格……你就這樣渾渾噩噩度過了大學四年，等你終於要離開校園時，才猛然發現：原來自己在大學裡什麼都沒學會，甚至連原本會的東西，也全都留在了學校。

不是奇蹟不想青睞你，而是你自己在日復一日的蹉跎當中，親手推走了擁抱奇蹟的機會。到了最後，你發現曾經跟自己並肩的人，都已經獲得了不菲的成就，你又開始抱怨老天待你不公，埋怨自己的爹媽不夠力，可是你能怪得了誰呢？

不要在人生剛起步時就偷懶耍滑，不思進取，躺在原地熬日子。

弱者以為奇蹟是天賜的幸運；但只有強者才會知道：所謂奇蹟，只不過是努力拚搏的另一件外衣而已。

來杯熱可可，甜笑一下

是那些成功的人運氣太好了嗎？
所以等著「奇蹟」降臨卻始終無果的人，
開始對「命運的不公平」感到生氣。
如果，你明白魔術說穿了不是真的，
那對於懶人用來自欺的騙術，自然也不能當真。

太過悠閒，所以心慌

工作時我認識了「閒不住」小姐，她是電視臺的一名資深記者。閒不住小姐是我所有朋友當中最有活力、最敬業的一個。我似乎永遠也看不到她有閒散的時候。上班時，她就是電視臺裡有名的拚命三娘。即使放假在家，她也不改早睡早起的作息時間，而且一起床就一定要化好精緻的妝容，把自己的形象打理得妥妥帖帖。只要出門，哪怕是出去逛個街、買個菜，閒不住小姐也會穿上一身幹練輕便的工作裝，再配上長褲、長靴。那走路有風的架勢，好像下一秒就要衝新聞現場一樣。

有一次，難得幾個好朋友都放假，大家就約好一起出去逛街。畢竟都是多年的老朋友了，化成灰都認識彼此長什麼樣子，見面時也沒必要修飾自己。於是姊妹們就都心照不宣地妝也不化，隨便套了件寬大的短袖衫就出門了。而閒不住小姐照例是所有人當中最後一個到的，等她終於「閃亮登場」時，我站在遠處一瞅：喲呵，果然不出所料，她又穿了一身職業套裝，手上還拎著辦公用的電腦。

閒不住小姐這一身正經八百、氣場全開的打扮，站在我們這群花花綠綠的T恤衫中間，真是要多奇怪有多奇怪，惹得路上不少行人都忍不住回頭看兩眼，我這二十多年的人生裡，從沒遇到過回頭率這麼高的時候。走了一會兒，我實在覺得有些不自在，就拉著朋友們進了一家冷飲店。

正值盛夏時節，冷飲店裡的人很多，大家只能各自找地方併桌。閒不住小姐剛好坐到了我對面，四目相對時，我終於忍不住說：「我知道妳平時工作忙，可是妳一天到晚繃緊神經，不覺得累嗎?至少放假的時候，妳也該讓自己休息休息、放鬆一下吧！」

閒不住小姐一臉無辜，雙手抱著面前的冰牛奶，說：「我在休息呀，我這不是跟妳們出來逛街了嗎？」

我有些沒好氣地說：「那妳也穿一套適合逛街的衣服吧！就算妳嫌棄休閒衫太鬆垮，穿件裙子、高跟鞋什麼的，不是也很好嗎?妳看看妳現在這一身，不知道的人還以為妳要去哪面試呢！」

閒不住小姐撲哧一聲笑了，說：「我不是不喜歡裙子和高跟鞋，而是因為我以前遇到過一件事。在我就職的第一年，有一次長假剛結束，上班的第一天，我因為起床晚了，為了省事就草草穿了裙子和高跟鞋去電視臺，結果碰上一個緊急採訪，需要我立即趕往某個山區。因為事出突然，我連一點準備的時間也沒有，別說換衣服、換鞋了，連辦公用具也沒來得及帶，就被同行的前輩拉上車。那天我雖然完成了採訪，卻搞得十分狼狽，不僅裙子上被濺了泥水，高跟鞋的鞋跟也在爬山的路上被磨掉了。那次採訪之後，我就下定決心：以後即使是放假的時候，我也會打起十二分精神，隨時準備應對突發狀況。」

閒不住小姐看了看自己一身輕便幹練的打扮，若有所思地說：「既然我已選擇了新聞記者這份工作，我就不能再允許自己有散漫拖沓的時候，這就是我對自己工作的熱愛和要求。」

人是不能太閒的，閒著閒著人就廢了。有條不紊地忙碌著的日子，才會讓人保持活力，過得心安。

我原來租的公寓樓下，住著一對感情很好的叔叔嬸嬸。兩個人雙雙退休之後，為了打發時間，就在公寓附近開了一間豬腳店。店面規模不大，而且只有叔叔和嬸嬸兩個人經營，但是因為店裡的菜色味道好，價格又實惠，所以生意很好，從早晨九點開門，一直到晚上八點打烊，店裡始終都不缺客人。

叔叔總是很體貼嬸嬸。他捨不得讓她做粗重工作，也捨不得讓她到後廚聞油煙味，只讓她在櫃檯前負責收銀。有時候他忙完了自己手裡的活，也會到前臺跟顧客聊聊天。他不太愛講話，每次聊天時，多半都只是站在一邊默默聽著。嬸嬸卻很健談，每次遇到熟客，總會熱絡地跟大家聊幾句家常，然後就忍不住抱怨起開店的辛苦：「自從開了這家店呀，我們每天早晨四點就得起床，到市場買菜、買肉，準備一天要用的食材。等到晚上打烊之後，我們又得打掃店鋪、收拾廚餘、清算帳目……好不容易忙完了一天的工作，終於躺到床上休息了，往往已經超過十一點。」

嬸嬸總是說：「唉，現在的日子真是太累了，要是以後能閒下來就好了！」沒想到，閒下來的生活很快就來了。叔叔嬸嬸在老家的房子拆遷了，兩個人拿著拆遷的補助款買下兩套新公寓，簡單裝修一下之後，全都租了出去，每個月光是租金的收入就很可觀。

既然不用工作就能吃穿不愁，賺的錢也不少，那幹嗎還要累死累活地開店做生意呢？叔叔和嬸嬸兩個人盤算了一下，乾脆把本來經營不錯的豬腳店頂讓出去，就專門靠著收租金過日子。

原先開店的時候，叔叔和嬸嬸總是盼著有一天能夠閒下來，放鬆一下。可是等到真的閒下來時，他們發現：自己根本不知道要怎麼打理突然鬆垮下來的生活。他們只能去麻將館裡打牌、打麻將，或者到老年活動中心，跟別人扯一些家長里短，以此來消耗掉那些惶惶不安的閒置時間。就這樣，叔叔漸漸迷上了賭博，嬸嬸慢慢愛上了網路聊天，兩個人成天早出晚歸，連坐在一起吃頓飯的時間都變得越來越少。沒過幾年，兩人的婚姻和經濟狀況都出了問題，最後只能賣掉兩套公寓補足虧空，然後離了婚，各自搬離了這座城市。

當年豬腳店的老顧客們，每次提起叔叔和嬸嬸時，總會唏噓不已：「他們就是太閒了，以前開著豬腳店的時候，明明感情可好了。」

可是誰能想到呢？閒下來的時間，若是不能好好規劃，竟然是會「吃人」的！

多數人之所以渴求悠閒自在的生活，說到底，只不過是基於當前忙碌狀態下的直觀感受，並不是他們已經對將來的自由時間，做好了合理的規劃。他們總是抱怨當前的生活被安排得太滿，一點閒置時間都沒有。可是等到真正閒下來的時候，他們就會覺得不知所措了。

網路上看到過這麼一句毒雞湯：「努力不一定會成功，但是不努力一定會很舒服。」可是不努力的生活，真的很舒服嗎？

其實我倒覺得，終日閒著的生活才最辛苦。

坐在電腦前玩了一整天遊戲，除了腰痠背痛眼睛疼，其他的什麼也沒得到；抱著手機熬夜看了一整晚的電影，等放下手機之後，除了心下的茫然，根本記不清自己看過什麼；跟其他人聊天扯八卦，確實能夠打發不少時間，可是等到夜幕降臨時，自己就會陷入莫名的孤獨和煩躁當中，躺在床上輾轉反側、抑鬱難名……

所以，清閒的生活未必真的有多舒服；太過悠閒鬆垮的生活，反而會讓人覺得惶惶不安、焦慮痛苦。

人與人之間真正拉開差距，往往就在那些「空閒的時候」。你若覺得當下的生活痛苦萬分、焦慮異常，那也許就是生活在變著方式警告你：「你太閒了！」

來杯熱可可，甜笑一下

不努力的生活，真的很舒服嗎？
在哪跌倒就在那兒躺下，真的很灑脫嗎？
真的好奇，不妨就試個幾天看看。
你會發現：
終日閒著的生活是另一種心苦，還附贈心慌。

你可以佛系，但請成為鬥戰勝佛

聽說阿全最近心情很不好，我一打聽才知道，他籌備了兩年多的留學計畫擱淺了。

我和阿全是在大學裡認識的，他是朝鮮族人，父母、親人都在韓國生活，他早年一直在韓國首爾讀書，直到十歲時，才跟著調任的父親回到中國繼續學業。

剛來中國時，他一句漢語都不會，可是他硬是憑著自己的韌勁，靠自學掌握了漢語，還考上了中國的大學，成了我的學弟。

我還在大學的時候，就聽說過阿全的名字，他的努力程度在全學院都是有名的。雖然阿全的漢語是後天自學，可是他的成績一點不比其他同學差，每次考試，他的成績都穩穩地排在全學院前三名，每年都能拿到獎學金。我很早就聽說：雄心勃勃的阿全在剛考上大學時，就開始為了申請學校的留學專案做準備。當時，無論是阿全的同學、朋友，還是前輩、教授，都覺得以阿全的認真努力，一定可以獲得一個極好的結果。可是沒想到，阿全還是敗了。

瞭解了來龍去脈之後，為了安慰阿全，我思來想去，還是翻出了已經蒙塵的通訊錄，一個電話打了過去。

我想請他吃火鍋，北方的冬天裡，沒有什麼比火鍋更溫暖了。

阿全來了。他在服務生的帶領下走進包廂，走到我的對面。我注視著他解開圍在脖子上的綠色圍巾，疊了三折放在左手邊，接著又把大衣脫下來，妥帖地搭在椅背後面。做完這些之後，他才在位子上坐了下來。

我不是一個擅長安慰別人的人，看到阿全的情緒和舉止如此平靜篤定，我反而不知道該說什麼好了。

最後，還是阿全先開了腔。

阿全說：「周周學姐，我知道妳請我吃飯是想安慰我，謝謝妳。」

我搖了搖頭：「能被人看穿的幫助，價值就只能減半了。」

阿全笑了笑，說：「那妳願意聽一聽我的心事嗎？這幾天，我一直在反思自己的問題點，妳能不能幫我參謀一下呢？」我點點頭，放下筷子。

阿全說：「周周學姐，不瞞妳說，剛上大一的時候，我原本的目標是A大學的一年期交換留學專案。可是大二時，我看到B大學的留學計劃不僅時間長，而且獎學金福利也更優厚，於是我就放下了A大學的目標，報名參加了申請B大學的筆試和面試，並且順利通過了。可是這時候，我又聽說了學術研究實力更強的C大學的修士（相當於研究生）項目。我一眼饞，就又把B大學的留學資料扔到了一邊，開始準備C大學的面試。

「在做決定之前，我就知道C大學的留學專案一向可遇不可求，學院裡平均幾年才有一、兩個人申請成功，以我的成績，申請成功的機會很渺茫。可是當時我認為，一個有理想的年輕人，就應該朝著更高遠、更有挑戰性的目標去努力。於是，我果斷地放棄了輕鬆就能達到的A大學和B大學，選擇了一條無法判斷結局的、更難走的路。當然了，最終的結局妳已經知道了。」

阿全端起水杯，像是要把什麼情緒吞服下肚似的咽下一口水，隨後如釋重負地笑著說：「申請C大學失敗之後的這段時間，我一個人想了很久很久，直到前兩天，我才終於想通自己到底錯在哪裡——這場失敗，我並不是不夠努力，而是不夠知足。如果我早些懂得知足的道理，沒有貪心挑戰C大學，而是選擇量力而為，我現在應該已經身在國外了吧！」

年少時的我們，談笑間總是稚氣滿滿，卻又雄姿英發。我們站在象牙塔頂上，望著遠方的山河湖海、千帆競渡，彷彿萬里江山、功名戎馬已是囊中之物，得到它們只不過是時間問題。

那時候的我們，總覺得自己是世界上獨一無二的人。我們堅定地相信，世界上最好的一切早晚都會屬於自己。於是，我們勇敢地提劍走出雪白的城堡，大步流星地闖入滾滾紅塵，在和世界的滾打較量中學會了成熟的第一課，那就是「知足」。勵志大師們最喜歡說的一句話就是：「你值得最好的。」可是到了後來，我們都會明白：「最好」其實是一個偽命題。這個世界上，永遠沒有人能達到「最好」，你只能在認清自己的前提下，努力追求「更好」。

想到「知足」的人，我就忍不住想起了「佛系」小姐。

佛系小姐是我的一個讀者，平時靠經營便利商店為生。她真是人如其名，不論什麼事，她都能做到毫不在乎。

賴以生存的便利商店，佛系小姐平時很少打理，甚至連日常打掃都覺得煩。她坦然地放任店裡的灰塵積了一層又一層，原本敞亮的落地窗，現在髒得連人影都看不清，店裡的貨更是多少年都沒有換過。至於賺錢，佛系小姐說：「賺多少錢無所謂，賺得少就少花一點，隨緣，隨緣。」

出去跟朋友們逛街吃飯，佛系小姐從來不會挑三揀四，也不會提出己見，無論朋友們問她哪件衣服好看，還是中午去吃什麼好，佛系小姐的回答永遠只有一句：「選什麼都可以，你們定就好了，都行，都行。」

就連跟男朋友連線打電動，佛系小姐都能把競技槍戰玩成單機，一開局就去找一處沒人的草叢躺下不動，任憑男友千呼萬喚、苦苦哀求也絕不起來行動，連掙扎一下都懶。佛系小姐說：「生活也就是一個遊戲而已，反正大家的結局都已經註定，爭個輸贏又有什麼必要呢？看淡，看淡。」

佛系小姐的男朋友小智，是一個很老實可靠的人，曾經的他，就是被佛系小姐這種與世無爭的氣質吸引，可是到了後來，他也受不了了，跟佛系小姐提出了分手。

佛系小姐不好意思去找男朋友復合，就請我幫忙去勸勸。在咖啡廳裡，小智跟我說：「妳知道我為什麼生氣嗎？我知道阿佛對什麼都不大在乎，所以，我一直默默替她打理著生活中的一切。可是那天，我鼓起勇氣向她求婚時，她居然回答說『隨便』！」

我把小智的原話轉述給佛系小姐，佛系小姐辯解說：「我只是覺得，現在的生活已經很幸福了，沒必要再做出什麼改變。小智就是太不知足！」

我問她：「在妳定義當中的『知足』是什麼樣子呢？」

佛系小姐理直氣壯地說：「知足不就是只享受當下生活，崇尚一切隨緣，既不苛求結果，也不對未來抱有期望嗎？」

我搖搖頭：「妳所說的不是知足，而是披著『知足』外衣的『喪氣』。」

真正的知足，絕不是兩手一攤的不作為；而是竭盡全力後的不強求。

若你對什麼事都不在乎，處處不堅持，事事沒主見，最後會迷失自我，被社會的洪流完全淹沒，離自己的幸福越來越遠。

我們常常會把「知足」，和用佛系偽裝的「喪氣」搞混。

所謂「知足」，既不是拒絕用心生活的藉口，也不是懶惰和畏縮的推托之詞，而是在盡力體驗過人間百味之後，選擇「享受過程、看淡結果」。

喪氣的人是什麼樣子呢？大概是，在涉世未深時，就自以為看破了紅塵世事，心甘情願地畫地為牢、作繭自縛，不認真工作和生活，甚至做出一副玩世不恭的樣子，擺出老練者的架勢，嘲諷其他好好生活的人；抑或是，在年紀輕輕時，就失去了笑對苦難的勇氣和度量，身未老、心先死，房間幾百年不打掃一次，節假日裡也不去讀書和旅行，每天一上班，就端著保溫杯跟別人大聊特聊東家長、西家短，卻不會談及夢想。

習慣，習慣，長久下來成了「習」的言行和思想，是會有「慣」性的。

當你習慣了喪氣，習慣在現實面前一味低頭，將就著過日子，你就會發現：理想中的那個「更好的自己」，正在不知不覺間與你背道而馳。

生活真的很殘酷。一生當中，我們都要面對數不清的規則、非議和刁難，我們只能安慰自己，這都是為了生活，這就是生活。

和那些未老先衰的喪氣者不同，知足的人，從來不會拒絕生活中的競爭和挑戰。因為他們知道，「盡吾志也，而不能至者，可以無悔矣」。在經歷了無數的失落、沮喪和努力付諸東流後，他們雖然有足夠的理由選擇墮落，卻依然滿腔鬥志、無比堅強。

希望你能成為自己的「鬥戰勝佛」（編註：佛經所載三十五佛之一，《西遊記》孫悟空在結局裡成佛的佛號），不求身披鎧甲、腳踏祥雲，只求在認清自己的不足之後，依然有勇氣笑對「八十一難」（編註：《西遊記》裡唐僧師徒西天取經所歷經的磨難，借喻人生遭遇重重考驗才能修成正果），愛生活也愛自己。

來杯熱可可，甜笑一下

「不夠努力」或「不夠知足」，
你比較常落入哪一種迷失？
做到「最好」的定義
不是要你忙到筋疲力盡，
而是平衡好：
努力而不強求，看淡而不擺爛。

別說你還年輕，一眨眼就老了

今年元旦時，我照例翻出年度總結筆記，準備記錄過去一年的生活。可是剛翻開筆記本，上面的文字就吸引了我。

在筆記的第一頁上面，寫著我在去年元旦時留下的年度計畫：

一、讀完一百本書

二、減肥，至少瘦到五十五公斤以下

三、考到駕照

四、在國家級期刊上至少發表一篇學術論文

五、去俄羅斯看貝加爾湖

六、學會拉小提琴，至少會拉一首自己喜歡的曲子

我看著這幾行文字，忍不住陷入沉思：我每年的計畫其實都大同小異——減肥、旅行、好好工作、讀書學習、少熬夜……可是這麼多年了，我幾乎一個都沒有做到。

每年讀完一百本不同領域的書籍，是我對自己的硬性要求。其實，只要我每天能抽出一小時左右的時間來讀書，實現這個目標就不困難。可是，時間在我這裡卻像是一塊曬乾了的海綿，我似乎每天都為工作和學業忙得團團轉，連區區一小時都擠不出來。

減肥的目標，早在五年前就已經定下，節食鍛鍊的日程規劃也寫了好幾篇。可是，凡事「做起來」遠比「說起來」難。一想到每天要在健身房裡累死累活、揮汗如雨，我就忍不住退縮了。曾經我在家裡牆上貼滿了勵志減肥的標語，甚至在冰箱上都貼了「封條」，多年來，家裡的勵志標語越貼越多，我的體重卻從來不見有減。

學習拉小提琴，是我從小到大的夢想。小時候因為家裡經濟條件不好，所以只能默默收起夢想，望「琴」興歎。長大後自己賺了錢，我卻又開始推三阻四，今天太累了，明天沒時間，下個月還得出差……我以為到了下個階段我就會有時間；我以為重新再來一年，我就會有一個新的轉變、新的開始。可是一年又一年過去了，我的生活和夢想，卻依然一成不變。

我的時間都去哪了呢？

第一個闖進我腦海裡的理由是「工作」。是的，工作是一個百試百靈的絕佳藉口，可以輕鬆讓自己逃脫內心公正的審判。可是，我在忙於應付工作而無暇讀書、減肥、學習的時候，卻偏偏還有時間上網打電動，有時間追劇，晚上回家後，也有時間躺在床上玩手機，機械式地刷微博、抖音……一直玩到半夜十一、十二點。我真的那麼忙嗎？

也許，不是因為我太忙了，而是因為我太拖拉、太懶散。我總覺得自己還年輕，今天做不到的事情，反正還有明天；今年實現不了的目標，推到明年實現也無所謂。可是，人的思維都是有慣性的，當我習慣了以「年輕」和「忙碌」為理由，不斷粉飾自己的拖延時，「夢想」就只能淪為「做夢、白想」。

我想起了大學時代，跟我很相像的一個朋友金子。金子是一個微胖的南方女孩。她性格溫婉善良，很有親和力，唯一的毛病就是不喜歡行動，做事太容易打退堂鼓。

剛上大學時，金子就喜歡上了學校裡的「校草」。校草高高瘦瘦的，喜歡打籃球，還是籃球校隊的前鋒。金子發現自己別說運動了，連出門都很少。為了培養跟校草的共同語言，金子去學習打籃球。可是她的動作老是不標準，勉強上完一節課後，她就打了退堂鼓。

室友不忍心地說：「我也學過籃球，下次我跟妳一起去吧，我教妳！」

金子堅決地搖頭：「我不太適合這種劇烈運動，還是不要白費力氣了。」

於是，金子輕鬆地說服自己放棄了籃球和校草，每天除了上課，剩下的時間恨不得挖個坑、埋點土，把自己「種」在寢室裡。雖然偶爾在校園裡遇見校草時，金子還會重新燃起回球館練球的雄心壯志，可是她的雄心，鬥不過速食外送、炸雞腿，更鬥不過遊戲、韓劇和小說……到了最後，金子只好一邊翻著星座配對的小冊子，一邊自我安慰說，只要她和校草命中有緣，校草就一定能從她灰頭土臉的外表下，看到她美麗深刻的靈魂。可惜，生活的真相就是：上帝在關上一扇門時，往往還會順手把窗戶也鎖上。

被金子寄予厚望的校草，偏偏就是一個只看外表的膚淺之人。在大二快結束時，校草在一場全市大學生籃球比賽中，跟女子籃球隊的漂亮女前鋒相識相交，並成了情侶。彼時的金子依舊躺在寢室裡，一邊抱著洋芋片猛吃，一邊對著韓劇裡深情又帥氣的男神歐巴們顧影自憐。

後來，金子忽然發現：身邊許多女生都學會了穿衣打扮，只有自己終日素面朝天、不施粉黛，每天穿一身洗得發白的麻布衣服，活脫脫一個從年代劇裡跳出來的「非物質文化遺產」。

金子痛定思痛，決心要徹底改變自己。她在網上搜羅了幾個美妝技巧，咬牙買下好幾套漂亮衣服，可是，當琳琅滿目的美妝華服全擺在自己面前時，金子又開始猶豫起來，從今以後，她就得開始和其他漂亮女生一樣，每天早上對著鏡子費力打扮，平日裡還要注意健美塑形、護膚美白、配色穿搭……真是光用想的都覺得頭暈目眩。

於是，金子再度打起了退堂鼓。她把變美的目標，連同自己買的那些漂亮妝服一起束之高閣，還美其名曰這麼做是「為了省時省錢」。直到大學畢業，金子還留著入學時的那一頭亂髮，穿著款式過時的舊衣，站在身披錦繡、光鮮亮麗的同學們中間時，顯得格外不搭。

有目標很重要，有行動更重要。如果你始終固守著老樣子，懶洋洋地不肯為自己的目標付出行動，把一切該做的事情都推給明天，我敢保證，未來一定不會好好待你，你的夢想也一定不會實現，因為你不值得。

曾經聽過這樣一則笑話。

從前有一個夢想著發財的年輕人，他每天都會去教堂，對著上帝的畫像虔誠禱告：「仁慈的上帝啊，請念在我虔誠信奉您的分上，讓我中一次彩票吧！」秋去冬來，一年過去了、兩年過去了……年輕人從未停止過每天的禱告，可是他的上帝卻從來沒有幫助過他。

後來，年輕人終於對上帝徹底失望，他悲憤地闖進教堂，指著畫像上的上帝破口大罵：「枉我對著祢虔誠禱告了這麼多年，祢卻到現在也沒有幫我中過彩票，祢還算什麼仁慈的上帝，祢就是一個不折不扣的騙子！」

上帝終於無法忍受了，祂威嚴地顯露真身，說道：「親愛的孩子，我也很想幫助你中彩票，可是你至少得先去買一張彩票吧！」

伏爾泰說：「人生來就是為了行動，就像火光總是向上升騰，石頭總是向下墜落。」那些「出師未捷心先死」的人，他們雖然有夢想，但不願意為之行動；雖然有自知，但不願意做出改變。他們終日活在自我安慰的世界裡，靠著手機和網路提供的快感麻痹自己，直到在日復一日的「喪心病」生活中，消磨掉了最後的一點鬥志，慢慢變成被成功者們踩在腳下的滾滾紅塵。

別讓夢想只停留在夢裡，否則，就算你的心裡溢滿了宏圖大志，你能做的，也只是年復一年地在計畫本上把夢想 Ctrl+C 與 Ctrl+V（複製與貼上）而已。

別說你還年輕，時光一眨眼就過去了。不要等到垂垂老矣時，才後悔一生從未追逐過、努力過。既然心有夢想，就請你從現在開始行動起來，哪怕只能前進跬步，你也已經開啟了自己的征程千里。

來杯熱可可，甜笑一下

有過多少夢想和美好計畫，都用藉口推拖掉了？
我們的時間都花去哪兒了？
生活真有這麼忙嗎？
如果把一切該做的事情都推給明天，
你會發現：
每一個「明天」裡頭都一無所有。

成功和失敗，差的只是一個放棄的距離

今天的清晨，似乎不同於此前任何一個冬天的早晨，天氣出奇的冷。我推開窗，領略著從西伯利亞遠道而來的刺骨寒風，其中還裹挾著漫天飛舞的雪花，毫不留情地撲打在我的臉上，像一柄柄鈍刀似的，狠狠廝磨著我的皮膚，我嚇得連忙關緊了窗子。

我本就不喜歡出門，在這種風雪交加的極端天氣要我外出，就更是難上加難了。若是在以往，遇到這樣的下雪天，我肯定要躲在家裡貓冬（編註：躲在家裡過冬，泛指宅在家裡不出門）。無奈的是，今天我偏偏因為公事在身，非要出趟遠門不可。於是，我只能近乎垂死掙扎地披上家裡最厚的大衣，頂著寒風暴雪往公車站走。彼時正是工作日的通勤時間，可是街道上的行人卻少了很多，取而代之的是一輛接一輛滿載著乘客的計程車。它們閃爍著橙黃色的霧燈，小心翼翼地在新積的雪地裡留下一道道忙碌的車痕。若不是在今天出門，我未曾想過這座小城裡，竟然藏著這麼多等候雪天的計程車。

我深一腳淺一腳地在雪地裡前進著，還未走到車站，就遠遠地看見兩個人站在公車站旁邊，跟我一樣瑟瑟發抖。他們一邊像踩節拍似的搓手跺腳，一邊不時地向遠處張望，似在焦急等待著什麼。

從他們衣帽上的積雪來看，他們已經在這裡等待了很長一段時間。我慢慢抵達他們的身邊，並非有意卻十分好奇地聽起了他們的對話。

戴黑帽子的男人說：「早知道連公車都等不到，我就不出門了！這種鬼天氣就不該出門！」

圍紅圍巾的女人說：「再等等吧，我們都已經等了這麼久了，也許再過一會兒車就來了呢。」

紅圍巾女士的話音剛落，遠方的地平線就出現了一個模糊的光點。那光點朝我們緩緩開來，在雪幕中擴散成一道光帶，我們看清了：那是一輛公車。

我跟另外兩個人都欣喜若狂，神色虔誠地向這輛公車行注目禮。可是等它終於緩緩開進站時，我們發現：它並不是我們要等的那班車。

車門打開，公車把一個個棉毛包裹全身的人們，從車廂裡傾瀉出來，再度無辜又張揚地噴著尾氣緩緩離去。我目送著它的光影一點點在雪中消失，忽然感受到了世界對我的莫大嘲諷，心裡不由得涼到了冰點。

黑帽子先生似乎已經憤怒到極點，他惡狠狠地一跺腳，罵道：「什麼公司，什麼會議，我不去了！大不了辭職！」

紅圍巾女士面露猶豫，拉住同伴的手臂，柔聲細語地安慰：「我們都等了這麼久了，也許再等一下就有車了，不要半途而廢呀。」

「雪下得這麼大，怎麼可能還有車來？我今天哪兒都不去了，回家睡覺！」

黑帽子先生說完，憤憤地扭頭就走。紅圍巾女士只好快步跟上。一紅一黑的兩個人，很快就消失在銀白色的雪幕裡。

這兩個風雪中的同伴走了之後，我的心裡也開始打起了鼓，我已經站在這裡等了快一個鐘頭了，我還要不要繼續等下去呢？然而，就在我即將放棄的時候，我所等待的那輛公車終於姍姍而來。

我剛邁步上車，車廂裡溫厚的暖氣迅速包裹住了我。車裡的溫暖，和外面的冰雪寒天成了鮮明對比。那一刻，我無比慶幸自己的堅持。

想想，人生不也是如此？很多時候，「成功」其實就出現在我們快要堅持不下去時，再堅持一下之後。「行百里者半九十」的道理人人都知道，可惜生活中還是有許多人，在未看見成功的曙光之前，就在中途草草投降、宣告放棄。

選擇放棄的理由有很多：因為遭遇了挫折，因為耐不住寂寞，因為付出後遲遲等不到收穫……成功的路上其實並不擁擠。多數人都會有「山重水複疑無路」的經歷，可是能夠忍受住寂寞和困苦的雙重打擊，最終等來「柳暗花明又一村」的絕美景色的人，往往只有那麼幾個。

無論你現在正在經歷著什麼，無論你此刻的生活有多苦多難，都請你不要輕易選擇放棄。這世上從來沒有任何一種堅持會被辜負，你距離心中所盼的成功，只差一個「堅持到底」的距離。

夏伯渝爬了一輩子山，可是他一直沒有征服過那座自己最想爬的山。

他曾經是國家登山隊的成員，他最想登頂的那座山，是珠穆朗瑪峰。

四十多年前，年輕氣盛的夏伯渝，就曾經帶隊挑戰過珠穆朗瑪峰。可惜因為當時準備不夠充分，他們只能從半山腰匆匆下撤。途中，他主動把自己的睡袋讓給了高燒不退的隊友，隊友的性命是保住了，可是他自己卻因為一雙小腿凍傷而截肢。

儘管那座終年積雪的高峰，殘忍地奪去了他的雙腿和他挑戰群山的熱血生涯，可是，珠穆朗瑪峰卻成了夏伯渝重新站起來的最大動力，當年沒有登頂珠穆朗瑪峰，也成了夏伯渝心中最大的遺憾。後來，每當午夜夢迴時，他思及珠穆朗瑪峰，口中念叨的都不是曾經讓他跌入萬丈深淵的截肢之苦，而是登頂。

幾十年來，夏伯渝從珠穆朗瑪峰高聳入雲的陰影中慢慢走了出來。他的確接受了現實，可是他還要反擊現實！

為了這個登頂珠穆朗瑪峰的夢想，夏伯渝每天堅持高負荷的體能訓練。很多時候，當訓練結束時，他的大腿都會因為和義肢磨合時間過長而鮮血淋漓。也許，他也喊過痛吧！但他從來沒有說過放棄。

當年一起挑戰珠穆朗瑪峰的登山隊成員中，只有夏伯渝一個人還在堅持著這個夢想。在失去雙腿之後的歲月裡，他就像一個悲情的勇士，一次又一次衝向珠穆朗瑪峰，一次又一次地因各種意外與登頂失之交臂。直到四十三年過去，他才終於實現了登頂的夢想，以六十九歲的高齡，站在了珠穆朗瑪峰的山頂上。

只有極少數耀眼的成功是一蹴而就的。絕大部分的成功者，其實都曾是屢戰屢敗的人。然而，就算屢戰屢敗又如何？只要信念不滅，我們就還能重整旗鼓、屢敗屢戰。

成功的人，從來都不是那些「永不失敗」的人，而是那些「永不放棄」的人。當我們全力以赴、向前奔跑時，世界自然會為你讓路。

「困難」對於有個性的人，總是特別有吸引力。一個有理想、有個性的人在面對困難的時候，才會真正認識他自己。

「堅持」應該是世界上最包容的品質，它關乎百折不撓的勇敢，關乎自知知命的智慧，關乎夙興夜寐的努力，關乎乘風破浪的夢想……成功和失敗之間，也許差的就是一個「堅持」的距離。這個距離換算成時間，可能會是一個月、一年，也可能是十年八年，甚至會是一輩子。

就算真的要付出一輩子，只要信念足夠堅定，夢想的力量也一定能跨越山河歲月，為你帶來成功的水到渠成。

一個成熟的人，不僅需要理想、眼光、行動，更需要「堅持」。如果沒有堅持，理想再偉大、眼光再超前、能力再出眾，最終都會一事無成。想想當下很多人，遇到一點困難就打退堂鼓，事情稍有不順就自暴自棄。如此人生，豈不虛度？

不要抱怨黃蜂偏螫淚人面，也不要因為暫時的一無所獲而憤懣不平。你曾經走過的路、流過的汗，都不會被辜負，它們都會成為你氣質的積澱，陪伴你走過一生。到最後，即使你的堅持和努力，不能讓你成為你最嚮往的人，但你的付出，一定可以讓你變成這世上獨一無二的自己。

來杯熱可可，甜笑一下

誰都希望「永不失敗」，
但有人先做到「永不放棄」嗎？
面對困難時，才能認識到真實的自己，
快速逃跑，默默退後，還是努力堅持著？
「哪一個你」你比較喜歡？

容易走的路都是下坡路

板栗的老家在廣西山區，剛來大連的時候，她操一口帶有濃重口音的普通話（編註：中國以北京語音為標準音，以北方話為基礎方言），讓人一聽就聽得出一股南嶺上艷陽天的味道。她說話時總是一字一頓的，也許知道自己說得不好，每次說不了幾句，板栗自己都會先笑起來。板栗長得不算漂亮，可是她的笑容就像日頭初斜時，透過窗戶灑在被子上的陽光一樣，燦爛卻不刺眼，溫厚又不炙熱，讓人舒服。

板栗是我見過笑得最好看的人，也是我見過最愛學習的人。

很多人不知道，在漢語環境下的外語系學生，最忌諱的問題之一是「普通話說不標準」。普通話的發音好壞，對於一個人在說外語時的發音影響很大。

板栗在上大學之前，基本上沒說過普通話，於是，外語發音就成了難倒她的問題。直到大一第一學期快結束時，她的外語發音仍然亂七八糟、節奏奇怪，乍一聽還以為是在唱RAP。

後來，記不清從哪天起，我們聽見板栗在走廊裡練習發音。雖然她的音調還是歪七扭八，可是從那以後，她每天堅持練習。我們暗暗笑她自不量力，也不願理她。

可是誰也沒料到，執著的板栗，用一年的時間矯正了自己的發音。此外，她還拚命學習專業課知識，努力模仿日語和英語廣播中的標準發音。到大二選修專業的時候，我們才驚奇地發現：曾經那個默默無聞的板栗，不僅悄悄考下了普通話二級甲等證書，還出人意料地，憑著一口流利的日語和扎實的基本功，獲得了外交部提前遴選資格。

進步卓然的板栗，理所當然地被人們推到了演講台前。

雖然提前準備了演講稿，可是板栗沒有用它。她站在台前憨憨一笑：「我其實沒有什麼學習祕訣。我每天早上五點起床，然後開始晨讀、鍛鍊、學習，和大家一樣。」

我暗暗汗顏，想起自己每天早上七點才能勉強睜開眼睛，若是早上沒課，還要賴床好一陣，才甘願下床洗漱。

台下有人問她：「你那麼早起床……不睏啊？」

板栗笑著說：「當然睏呀。可是你知道嗎，在我們廣西山區，同樣一段山路，向上走時永遠比向下走要累得多。所以每當我感覺累的時候，我就會提醒自己，我現在是在向上走呢！」

是啊，這世上凡是向上的路都不好走，容易走的路都是下坡路。

如果覺得此時的生活艱辛難熬，如果感覺自己已經筋疲力盡、幾欲放棄，不妨先暗暗為自己慶幸吧，你現在是在向上走呢！

壹壹表姐和我上同一所大學，讀同一個科系。她大我兩屆，在學院裡品學兼優，無論是在班級裡，還是在社團或者學生會中，她都是師生皆知的中流砥柱。我在剛入學的時候經常受她照顧。有一次我和壹壹表姐一起吃飯，不到半小時的時間裡，她居然接了三通電話：第一通電話，是學生會的幹事打來的，想讓身為學生會會長的壹壹表姐，確定一下迎新晚會的邀請名單和海報樣式；第二通電話，是教授打來的，想讓壹壹表姐下午去辦公室進一步討論論文；第三通電話，是社團的成員打來的，想請壹壹表姐確定下週比賽、晚會等活動出席的人事安排，又簡單彙報了一下之前的工作。

現在這個年代，除非是十萬火急的事情，平時很少有人打電話。可是壹壹表姐的電話卻像一個「不定時炸彈」，時不時就會響起來。壹壹表姐告訴我，為了不耽誤公事，她的手機二十四小時保持開機狀態。我雖然沒見過電視劇裡的霸道總裁有多忙，但我總覺得壹壹表姐的忙碌程度，絕不在他們這些人之下。

我坐在壹壹表姐對面看得目瞪口呆，她卻氣定神閒，把工作一個接一個處理好，時不時忙裡偷閒，拿起筷子往嘴裡囫圇扒飯。

我忍不住問她：「妳每天這麼忙來忙去的，難道不累嗎？」我以為壹壹表姐肯定會借此機會，好好給我灌幾句勵志「雞湯」，誰知她卻坦然地點頭答我：「當然累了，尤其是最近這段時間，我都快累死了！」

「可是……」壹壹表姐若有所思地說：「再累也得堅持下去。」

迎新晚會那天，因為壹壹表姐的關係，我得以借著一個後臺助理的身分，從人頭攢動的觀眾席逃脫，跑到後臺看熱鬧。原本一切程序都進行得很順利，可是就在晚會即將開場的時候，主持人突然報告說，負責舞臺燈光的同學失蹤了，打電話也聯繫不上。

在幕後準備的同學一下子亂成一團，還有不到十分鐘就要開場了，沒有燈光怎麼行？壹壹表姐沉默了幾秒，立即迅速下達指令：「在後臺的所有人都不要慌！小A和小B馬上去後臺廁所找一下人，如果找不到，就再去自習室和寢室找。小C，你馬上問一下學生會技術部的成員，看看有沒有其他人會操作舞臺燈光，有的話就馬上要他們過來。小D，你繼續打電話給負責燈光的同學，直到聯繫到人為止。其他人一律回到各自的工作上！」

有了壹壹表姐這個定心丸，大家很快就鎮定下來，繼續自己的工作。技術部的替補成員很快趕到後臺，原本負責燈光的同學，也跟後臺聯繫上了，原來他因為中午吃壞了肚子，一直待在後臺的廁所裡。最終，晚會按時開場，一切流程都非常順利，彷彿剛才的混亂並未發生過。

壹壹表姐這個「中流砥柱」真不是白當的。她過得是辛苦，可是如果沒有平時的種種歷練，沒有各種繁雜問題的處理經驗，她不可能有今天臨危控局的鎮定自若。

活在這世上的人，哪有一個不累的？其實，誰活得都不容易。有些人之所以外表看起來毫不費力，只是因為你沒看到他在背後付出的努力。

人生是一場千帆相競的逆水行舟。輕鬆舒服的道路只有一條，那就是隨波逐流、不停倒退。可是這樣的路，你真的喜歡嗎？

大連火車站的出入站口，有一部電扶梯和一部樓梯。選擇電扶梯的人通常有很多，而樓梯上卻空空蕩蕩的，始終沒有幾個人走。我以前也會選擇等電扶梯，但是試著跟朋友走了一次樓梯後，發現我們上下樓的速度，居然比搭電扶梯還快。發現這個有趣的對比之後，我就開始喜歡走樓梯了。

有時候，看似是捷徑的道路，未必真的省力。因為容易走的路總是人擠人，人多的地方，往往也充斥著各種無謂的競爭和吵鬧。這世上人人都想搶到看上去毫不費力的機會，這當然無可厚非。可是，為了爭奪有限資源而互相傾軋的痛苦，難道就不艱辛嗎？千人相競的獨木橋，難道就比尚未有人開闢的荊棘路好走嗎？很多聽起來極其淺顯的道理，人們忙著忙著就忘了。

人們總是害怕向上走的壓力。如果把走過的人生路，比作在攀爬一座無頂山，那麼大多數的人，一生都只在山腳附近遊走。爬山的時候，越是往山上走，身邊同行的人就越少，這是因為只有少部分的人才能大著膽子、耐著性子向上挑戰。在這些向上走的人們當中，還會有很多人在困難和打擊的牽絆廝磨中敗下陣來，默默地捲起鋪蓋和雄心，往下走回半山腰的安全地帶。只有那些既具備征服高峰的野心，又做好了迎接苦難長期洗禮準備的人們，才能有機會登臨絕頂，終有一日，俯視那些仍然在山下苦苦徬徨掙扎的絕大多數人。

願你，知命但不信命，戰勝對前路的恐懼，勇敢地向上攀登。願你，認真聽清心中拒絕命運擺布的嘶吼，在人生的道路上，做出符合自己心意的選擇，然後堅持為之努力到極致。雖然山頂很冷，但山頂上的風景真的很美，不要怕，才不會悔。

來杯熱可可，甜笑一下

心底拒絕命運擺布的嘶吼聲，
你曾裝作沒聽見嗎？
一「懶」眾山小的遠觀，
一「覽」眾山小的宏觀，
不要害怕
做出和過去不同的選擇。

以夢為馬，先讓馬跑一會兒

我高中時候的死黨「西瓜」，是個不折不扣的文藝青年，在很多人家裡還沒有電腦的時候，他就已經開始在網路上寫小說，時至今日，也稱得上是網文界的老資格。論文筆，論學識，S大中文系碩士畢業的西瓜，自認為和書架上的那些「大牛」（編註：領域中表現突出優秀的人物）絕對不遑多讓，可是偏偏他寫的小說總是回響不大。西瓜不氣餒，又轉戰報紙雜誌，每天盯著各路約稿函認真寫作，撒網一般地投稿。可是那些稿件往往如泥牛入海，少有回音。

看著網路上日益受寵的「總裁文」（編註：網路流行的一種劇情文體，以英俊、多金、深情的霸氣老闆為男主角，對旁人態度高傲惡劣，卻愛上平民女子陷入寵溺愛戀的灑狗血故事）之流，西瓜常常抱怨：「老天真是無眼，如果我能再活一次，絕不會再涉足文壇。」

大學聯誼時認識了好朋友「菜菜」。菜菜跟我說，高中時她是個超級努力讀書的人，每天伏在案前，苦讀十幾個小時也不肯休息。週末更是要求自己必須學習到凌晨才可以睡覺。她的每一科筆記，都記錄得像參考書一樣圖文並茂，錯題本更是搶手，被班裡那些懶得動手整理筆記的同學廣泛傳印。儘管菜菜這樣勤奮用功，但她的學習成績，還是一直處在不上不下的尷尬地帶，高考時雖然超常發揮，但分數剛剛爬上二本線，被第二志願的N大錄取。

提起高中時代的勤奮刻苦，菜菜常常唏噓：「當時為了考個好大學，不惜讓習題和考卷填滿最美好的青春年華，可是那麼多心血終究還是白費了。」

公司同部門的艾米，是同事們公認的工作狂。剛剛畢業的她，在獲得公司的實習資格之後，就彷彿開啟了拚命三娘模式。我們所在的公司是業內數一數二的企業，內部競爭非常激烈。艾米為了儘快得到轉正和晉升，常常加班到深夜。一天二十四小時除了吃飯和睡覺幾個小時，剩下的時間幾乎都在工作。只是因為公司人才濟濟，考核又格外嚴格，直到兩年後，艾米才終於轉為正職。可是，這時艾米卻突然辭職了。

後來在咖啡館遇到艾米，彼時她已是一家小型公司的副總。被問及當初離開公司的原因，艾米感歎道：「我曾經付出了那麼多努力，在那家公司裡根本得不到等價值的回報，不如早點換個工作，省得白白費力。」

也許你常常會這麼問自己：「為什麼我的努力得不到回報呢？難道真的是命運難違，或是老天無眼？」

答案其實很簡單，只有兩個字：耐心。

每個人都有自己的夢想，可是追尋夢想的道路卻並非一帆風順。面對困境時，人們總會迷茫無助，甚至開始懷疑自己是否選錯了方向。

在尋夢之旅中，有的人因為遇到荊棘而止步不前，留在了旅途開始的地方；有的人雖然在一開始披荊斬棘，卻最終因為各種原因，放棄了繼續前行，無比遺憾地把自己的足跡停留在半路上；只有那些既能勇敢挑戰困難，又能忍耐成功之前的煎熬的人，才值得擁有實現夢想的喜悅。

其實，你未必不能成功，或許只是你還沒學會：沉著自己追求目標的「焦躁之心」。在追尋夢想的道路上，一旦稍有挫折，你就開始躊躇不前，開始懷疑自己，甚至還要往回走，與夢想之門越來越遠……

這就可以解釋剛才那個問題：為什麼你的努力得不到回報？栽樹必有蔭，其實這世上沒有任何努力是毫無效果的，你的努力永遠不會白白浪費。只是當我們陷於困境之中時，絕大多數人往往會喪失繼續前行的勇氣。如果你能在感覺快堅持不住的時候，再努力一下，在想要退縮的時候，再等一等，也許你就會發現，成功就在不遠處等你。

古印度哲人說：「成功等於創新的思維加勤奮的汗水，以及等待成功慢慢『發酵』的耐心。」

等待成功的這份「耐心」，就是一個人能否實現夢想的決定因素。成功女神其實一向都很公平，如果你只是淺嘗輒止，或者一遇到失敗就退回原地，那麼你即便身懷十八般武藝，也終究難逃一事無成的結局。

在這個日益喧囂的世界裡，多的是可以走捷徑的事。但也正因如此，才更體現出「守住一份耐心」的重要性。也許，你和成功者相差的，就是那份在面對困難時堅持走下去、等待成功到來的耐心而已。

所以，年輕人，別急著抱怨命運的不公。在尋夢之路上堅持不下去時，你不妨再等一等，你的努力終將有所回報。

來杯熱可可，甜笑一下

低落時，是否忍不住心生疑問：
為什麼我的努力得不到回報？
除了掌心向上等待，也請記得捫心感受，
回報，不一定以你預期的樣子出現，
但你的努力，已經徹徹底底更新了你。

太累了，就躺下

我越來越覺得，現代人真是太努力了。

去年春節，全國人民幾乎都放假了，但是我給阿超發簡訊拜年的時候，阿超卻跟我說，他還在電腦前寫程式。

我說：「程式設計師這麼可憐嗎？除夕還在加班。」

阿超回：「是哦，那也沒辦法，誰讓我們公司的合作對象都是外國人，人家不過中國春節。我們就只能照常加班了，只不過是在家裡加班。」

「這個月你都連著加班兩個星期了，今天都除夕了，你好歹休息一天，給自己放個假吧！」

「沒事，過年加班有三倍工資呢。我趁著現在多存一點錢，等今年放長假時，我準備去旅行，到時候再好好休息吧！」阿超回了我一個「努力加油」的表情符號，就不再搭理我了。可是他不記得了，類似「等放假以後再去旅行和休息」這句話，他已經連續說了三年，卻因為工作太忙，一次都沒有實現過。

我剛到日本的時候，幾乎花光了所有的積蓄。那個時候我沒有什麼固定收入，日語也不算很好，所以在很長一段時間裡，我都只能靠在工廠打工，以及上一些網路課賺錢養活自己，順便貼補家用。那間工廠裡絕大部分的工人，都是中國人和越南人，還有極少數的印度人和歐美人。整間工廠每天二十四小時不休息，全年都處於運轉狀態，中國人主要負責白班，越南人主要上夜班。

生產線上的工作，沒有什麼趣味性可言，唯一的消遣只有跟其他人聊天，聊天的內容，也無外乎都是收入和未來。我還記得某一天，在我旁邊工作的一個大哥忽然問我：「你們學生每天在這邊兼職幾小時？賺得多嗎？」

我說：「我一天出勤八小時，每天的收入是八千八百日元。」

他點點頭，若有所思地說：「唔……那還不錯，我們這種正式員工，每天至少得上十二小時呢，一週至少出勤四天。唉，還是你們學生輕鬆。」

這間工廠的工作強度非常大，每天八小時出勤，對我來說已是極限。一天二十四小時裡要拿出一半以上的時間，待在這個要麼極寒、要麼極熱的工作間，這種感覺，我連想都不敢想。

「您每天這麼頻繁和高強度地工作，不累嗎？」

「累啊，怎不累呢？」大哥低著頭，手上的活兒一點沒停：「但是得養家呀，我爸媽、老婆、孩子都在日本，我兒子今年還得上幼稚園，哪裡都要錢。我現在最怕的不是累，而是怕工廠給我排的班不夠多。其實越累我越高興，至少我多累幾天，就能多賺一點錢。」

我曾經看到一則新聞影片，一名男子喝多了，在地鐵月臺醉得無法走路，旁若無人地躺在冰涼的地上。

在影片裡，男子的臉看起來非常稚嫩，應該是剛畢業走出校園沒多久。地鐵站的工作人員讓他起來回家，他醉得舌頭直打結，也不起來，只是很抱歉地跟工作人員一遍遍叨咕著：「對不起，對不起。」

工作人員無奈地扶他坐了起來，又徵得他的允許，掏出他的手機，給他女朋友打了電話。過了十幾分鐘，他女朋友過來了。原本乖乖坐著等人的他，遠遠地看到走過來的女朋友，突然大哭了起來，一邊哭一邊聲嘶力竭地說：「寶寶，我對不起妳啊，我太沒本事了。跟我在一起委屈妳了！」

後來才知道，男子和他的女朋友，都是剛畢業兩年的普通白領，身為南方人的女朋友為了他才遠赴北方，跟他一起來到大城市打拚。可是兩個人拚命工作了兩年，也沒存下什麼錢，買不起房，更不敢結婚。

影片裡，酒醒後的男生臉龐顯得更加稚嫩，他很不好意思地解釋說：「我是做業務的，那天是陪客戶喝酒才喝到爬不起來，不是故意要給地鐵站的工作人員添麻煩。真的非常對不起。」

拍攝影片的記者問他：「你當時見到女朋友之後，為什麼會突然哭出來呢？」

他微微愣了一下，然後笑著說：「我也不知道，可能是因為畢業後才發現，生活真的很辛苦吧。」

你有沒有發現：隨著年齡的增長，身邊的人越來越忙？他們有的是為了自己而忙，有的是為了家庭而忙，有的是為了愛人而忙……越來越多的人一邊忙碌一邊迷惑，越忙碌越迷惑，可是又不敢停下來。因為無人知曉，在如今這個發展速度恨不得比肩火箭升空的時代，停下腳步的後果究竟會如何。

從什麼時候起，我們開始發瘋一般地追逐「忙碌」了呢？

我們跟著各大媒體鼓動的節拍，在時代速度的裹挾下，拚命地工作，想盡辦法讓自己忙碌起來。為了「努力可能帶來的好結果」，我們不惜犧牲自己的健康、家庭、快樂……然而，我們似乎忘記了，我們「拚命努力的目的」，不就是為了獲得我們「所犧牲的那些」健康和快樂嗎？

人人都想成為希臘神話裡的英雄，打造自己的傳說，這無可非議。人人都想賺到更多錢，讓自己和愛人看到更多的世界，給自己所愛的人更好的生活，這也高尚得令人感動。然而，人生畢竟是一場馬拉松，而不是百米賽跑，最重要的不是跑得有多快，而是能堅持跑多遠。

你若在一開始就用力過猛，導致身體累垮了，中途退賽了，那麼就算你前期跑得堪比飛人劉翔，又有什麼用呢？

「生活」其實滿難伺候的。雖然我們從小就知道：要努力奮鬥、堅強勇敢，要努力練就「金剛不壞之身」……但是，這並不妨礙一個人適當地排解情緒。活在世上大家都很辛苦，累了就躺一下，難過了就哭一會。這不是畏難者的脆弱，而是在該發洩的時候必須好好發洩一下，今天好好歇一歇，明天才有力量再繼續努力。

生活不易，願你「持續而有節制」地努力，步伐堅定，內心溫柔，在向上攀登的路上，不要忘記適當走走停停，欣賞一下沿途的美妙風景。

來杯熱可可，甜笑一下

人生之路，
該當馬拉松選手？還是短跑健將？
走走停停，或許更好，
不要忙到犧牲了健康、家庭和快樂，
因為那正是我們拚命努力所追求的。

PART 3

走自己的路，
你就是自己的超級巨星

我們總是很容易看到別人的耀眼光芒，卻忘記了，
自己也是光芒中的一縷。
你可以走自己的路、做自己的夢，過自己喜歡過的人生，
沒必要照搬別人的劇本來演，
因為你就是自己的超級巨星。

我們的「自己」都去哪兒了

當你出門旅行時，在行李很多的情況下，你會選擇走樓梯還是坐電扶梯？

也許有人要說了：「答案不是顯而易見嗎？當然是坐電扶梯了，又快又方便。」先別著急回答，請你再想一想，這個問題的答案，真的是顯而易見的嗎？

我看過這樣一幅漫畫，想必你也看過。

漫畫裡只有一部電扶梯和一道樓梯。可是，電扶梯上從頭到尾都擠滿了人，後面還有一大群人排隊等著擠上去；而樓梯上的人卻寥寥無幾，下面也無人排隊，只要肯費點力爬樓，幾步就能跑上去。在這種情況下，你還會認為電扶梯是最快捷方便的選擇嗎？

這幅漫畫的作者，原本是想告訴我們這樣一個道理：看似是捷徑的選擇，實際上卻未必真的省力。也許又有人要說了：「如果電扶梯上的人很多，走樓梯也許會更快一些；但如果時間充裕的話，排隊等電扶梯，不也是更輕鬆的選擇嗎？」

是的，你說得完全沒錯。這就是我想告訴你的事情。如上所述，生活中的許多問題都沒有標準答案，我們每個人獨特的思考，就是我們自己的答案。

我們都希望自己一生平安順遂，即使有朝一日與「問題」狹路相逢，我們也希望能以最快的速度，找到正確答案來解決它們。這一點自然無可厚非。然而，對於那些原本就不存在正確答案的社會問題，我們卻常常輕易屈服於「社會公認的答案」，這樣真的好嗎？

我們獲得資訊的途徑越來越多，可是我們心靈的空間卻越來越小。我們的腦海裡，裝滿了「別人教給我們的」知識和故事；我們心裡，塞滿著「別人告訴我們的」正確答案，卻唯獨沒有自己的想法。

為什麼我們越來越懶於獨立思考了？

的確，說出自己的想法是有很大風險的。一旦「自己的看法」與「社會大眾的想法」有差別，自己就會變成社會輿論的箭靶，被那群吃飽飯沒事做的閒人們，站在他們自以為是正義的制高點上，猛烈地抨擊。

肯定也有很多人這麼想：「如果遇到了問題，上網查一查就能找到答案，為什麼還要費勁地自己思考呢？我又不想當哲學家，幹嘛非得獨立思考出一個自己的答案不可呢？」

義大利群體遺傳學家斯福札曾說：人類這種生物，在真正成為今天主宰世界的「人」之前，其實和其他動物沒有太大區別。即使人類會製造和使用一些簡單的工具，這些行為活動，也都不過是無意識的生存本能而已。在漫長的自然演變當中，人類之所以成為今天的樣子，就在於我們有一個能夠獨立思考的頭腦，能夠解決更複雜的問題。

縱觀人類文明的發展史，文明和科學的許多重大飛躍，其實都與人們的獨立思考有著密切關係。比如日心說、進化論……提出這些理論的科學家，都曾經被許多人批判，可是到了今天，我們都知道他們的思考才是正確的。

所以，一時被世人誤解沒什麼好怕的，只要我們堅信自己的選擇正確，時間終會為我們正名。

我們應該都聽過一句無比正確的廢話：「不要在該奮鬥的年紀裡選擇安逸。」道理誰都明白，可是，在該奮鬥的年紀裡，到底該怎麼奮鬥？奮鬥與安逸的區別到底是什麼？安逸究竟錯在哪裡？我們到底憑什麼不能選擇過安逸的生活？

這些都是隱藏在「正確」表象裡的、更深層的問題，它們一直存在著，只是從來沒有人告訴過我們答案。

我們被越來越多的「雞湯」洗腦，被越來越多的勵志名言牽著鼻子往前走。於是，越來越多的人開始浮躁和迷茫，無數的人爭著搶著要跳出體制內、跳出小城市，跳出所謂的生活的「舒適圈」。他們懷揣著對未來的一腔熱忱，來到了北上廣深（編註：中國四大一線城市，北京、上海、廣州、深圳），在暗無天日的地下室裡，一邊啃冷饅頭，一邊享受著熬夜趕工帶來努力的快感。他們以為，這就是他們應該過的「奮鬥的生活」。可是等饅頭啃膩了、苦日子過乏了，他們就又開始迷茫了——奮鬥肯定沒錯，那是不是不堪忍受壓力的「我」錯了？於是，他們再度陷入困惑當中，一邊喝著催熟的「雞湯」補充逐漸流失的熱情「雞血」，一邊在無邊無際的焦慮當中蹉跎生活。

就像選擇電扶梯還是樓梯一樣，「奮鬥」也不是人生唯一的正確答案。很多人一旦找不到社會公認的標準答案，就會毫不猶豫地選擇自我放逐，在各種低級娛樂裡自我麻痹。他們寧願選擇相信「走的人最多的路就是正確的路」，也不願意用自己的頭腦去思考和選擇。在如今的時代，我們最不缺的就是「雞湯」，我們最缺的是「自己」。

捫心自問，你現在的工作、伴侶、愛好、生活，甚至是你現在走著的這條路，真的都是你自己的選擇嗎？

你的「自己」去哪兒了？

不去獨立思考是很輕鬆的，隨波逐流也是很輕鬆的。

你當然可以選擇跟著時尚風潮、主流思想、媒體和名流的價值觀行動。這樣的話，即使你走到最後發現自己走錯了，你也可以推卸責任，把自己包裝成一個徹頭徹尾的「時代受害者」。

可是，如果你不想再服膺於別人餵給你的世界，如果你不想再成為別人的木偶，你就應該追隨自己的內心，用你自己的頭腦去尋找答案。

生活在這個溢滿了各種紛雜資訊的時代裡，我們要想不被「別人認定的生活」給同化，就必須解放自己的頭腦，學會思考、學會懷疑。走出學生時代的我們，面對著所學所知的「標準答案」，更重要的是，要去尋找屬於自己的「困惑」，在思考和困惑的反覆交替當中，逐漸肯定並堅持自己選擇的路。

「路漫漫其修遠兮，吾將上下而求索。」無論最終得出的答案正確與否，無論最後選擇的道路會不會繞了遠，這都是我們找回自己的必經之路。

其實，繞遠未必不是好事，生活正因為有了遺憾才發現美好。找到真實的自己很難，在洪流中堅守自己的道路更難。但我仍然願你能成為一個真正的勇者，明知前路艱難，依舊勇往直前。

來杯熱可可，甜笑一下

深怕落單，也想一起擠上大家都在走的路？
當人人都搶著走捷徑，
你就算繞了遠路也不必著急，
欣賞的風景更多了，閱歷變得更豐富，
其實完全沒有吃虧。

你不會「扔」，就得不到更好的自己

「捨不得」小姐一直自詡是精打細算、會生活的人。

我跟捨不得小姐是從小一起長大的朋友，這孩子從小就很擅長省錢，每次總能比別人更快一步嗅到「打折」的獨特氣息。若是哪家商場有了特價貨，她肯定第一時間收到消息，然後以最快的速度，全部包下各種物美價廉的商品。

經過捨不得小姐多年來的不懈努力，她家就跟倉庫一樣，常年堆放著她在各大商場掃來的戰利品。光是儲備的米麵油，就夠她一家人吃三、五年的。哪怕只是去家門口的市場買菜，捨不得小姐也常常拎著十幾斤蔬菜水果回家，因為多買一些價錢就能省掉零頭。可是東西買多了用不完，捨不得小姐又捨不得扔掉，如此一來，一到夏天的時候，家裡就跟「蟲子開會」一樣，到處都能見到各式各樣的爬蟲和飛蟲。一打開屋門，還會聞到一股刺鼻的黴味兒。就算是這樣，捨不得小姐還是捨不得把發黴的東西扔掉，她總是委屈地說：「那些東西都是花錢買的，丟掉多可惜！」

今年年初，捨不得小姐買了一間二手公寓。房子雖然不大，可是屋裡的陳設卻一應俱全，屋內環境也乾淨整潔。捨不得小姐非常滿意。為了早點搬進新家，她乾脆跟公司請了年假，還叫來我們幾個朋友陪她一起收拾。

捨不得小姐設想得很好。可惜「我方」人力雖多，但「敵軍」的實力出奇的強大。我們幾個身強力壯的年輕人，從早到晚忙了一整天，才把捨不得小姐家裡囤積的東西，打包了不到三分之一。

月上枝頭的時候，我細細清點了一下當天的成果：在捨不得小姐家裡，總共找到印著廣告的免費雨傘五把，商場新年大酬賓時送的塑膠盆六個，儲值手機話費時送的水杯四個，網路商店買二送一時搶購的寢具三件組六套，逛夜市時趁著店家促銷買的塑膠雨衣五件。除了這些，還有不計其數的塑膠瓶、塑膠袋、免洗筷、包裝紙盒……就連在路邊派發的那種五顏六色的廣告單，捨不得小姐居然也一張都沒扔，幾年下來累積了厚厚的一疊，保守估計有好幾百張。

我扶額輕歎，說：「妳房子都換新的了，這些舊東西就丟掉吧。」

捨不得小姐立刻反駁：「那怎麼行？我都存好幾年了，扔掉的話多可惜！反正這些東西又沒有保存期限，留在家裡，說不定以後哪一天會用得到呢！」

「那妳現在用得到這些東西嗎？」

「當然用不到呀，妳沒看它們都積了好幾層灰了？可是我就是狠不下心丟嘛！」

「這好辦，我來幫妳丟掉不就行了？」我說著作勢要丟掉那一大疊傳單。沒想到捨不得小姐居然立刻跳起來，跑到我面前跟我展開對峙，氣得話都說不清楚了：「妳妳妳……趕快給我把傳單放下！」

我看著捨不得小姐那副緊張的樣子，恍惚間覺得自己抱著的不是傳單，而是她生養的孩子。最後，我還是被她那恨不得下一秒就要撲過來跟我拚命的架勢折服，選擇放下「孩子」投降了。

雖然東西不丟了，可是我仍然賊心不死：「妳留著這些傳單有什麼用呀？放在新家裡占地方，賣掉又不值錢。難不成妳還想留到幾百年之後，讓孫子輩當古董賣了？」

捨不得小姐結結巴巴地說：「反正……反正就是不能扔，萬一哪天用得到呢！這叫勤儉節約、未雨綢繆！」

捨不得小姐說得似乎滿有道理，我只好放任她在新房裡繼續「未雨綢繆」。她雖然捨不得扔掉舊東西，卻從來沒耽誤過買新東西，每月工資都花得一點不剩。等到家裡被堆得實在沒地方了，她就隨便把舊東西塞到角落裡，眼不見為淨……我不知道捨不得小姐究竟靠「未雨綢繆」省下多少錢，我只知道，不到半年的時間，她的新家就再一次變成了「垃圾場」。

仔細看看自己的家裡，我們是不是也像捨不得小姐一樣，囤積了很多捨不得扔掉，卻又根本不會再用到的東西呢？

好幾年前買的鞋子，靜靜地躺在鞋架上落灰，從小到大穿過的衣服像小山一樣，盤踞在衣櫃裡，各式各樣的瓶瓶罐罐、學生時代的舊筆記本、以前買的旅行紀念品鋪滿了儲物櫃……儘管你根本不會再看它們一眼，但是無論搬到哪裡，它們都會伴你而行，有恃無恐地占據著你的一方天地。你明明花幾萬、幾十萬元一坪的價格買的房子，可是到頭來，你還是住在「垃圾堆」裡。

為什麼你的生活總是不能斷捨離？

原因有兩個：一是心生執念，二是心有不甘。

對舊物心存執念的人，總會覺得每一件舊物身上都寄託著他的回憶和安全感，於是就打著「念舊重情」的旗號，心安理得地把雜七雜八的舊物都留在家裡。可是人總要向前看，放下與過去的羈絆，也是一種成長。

喜歡精打細算的人，總會覺得每一件舊物都蘊藏著未知的「無限可能」，於是就打著「丟掉了太可惜」、「說不定哪天會用到」的旗號，放任舊物越囤越多。可是換個思維，當斷時則斷，當捨時則捨，既是對生活空間的優化，又是愛自己的最好表現。

不僅生活中需要斷捨離，感情中也需要。

生活中總有那麼一群人以「執著」著稱——即使在感情中傷得體無完膚，他們還是不忍心放手；即使在工作中撞得頭破血流，他們還是捨不得掉頭。他們看似意志無比堅定，可是他們根本不知道「自己的內心深處」到底想要什麼。其實他們所有的「不捨」，不過都是源於內心的「不安」而已。他們害怕自己已經付出的時間和精力打了水漂，更害怕自己得不到比現在更好的結果，於是自然心生猶豫，處處放不下、捨不得。

可是時間和精力的投入，不是衡量價值的唯一標準，所謂「完美的結果」，也不該成為人們奮鬥的唯一目標。適時地選擇放手，未必不是及時停損的明智之舉。

還是活得灑脫一點吧。既然生活已經滿是風兒滿是沙了，你為什麼就不能放下心裡那點執念，讓自己活得瀟瀟灑灑？

試著給自己的生活和感情，都做一做減法吧！常常斷捨離的人生真的會輕鬆好多。畢竟，如果你學不會「扔」，就永遠騰不出空間去邂逅更好的下一個。

來杯熱可可，甜笑一下

房間堆滿雜物？生活排滿雜事？心裡充滿雜念？
貪多，是迷人又危險的蠱惑，
減法，是最終得用上的聖劍，
時不時要踢踢、甩甩，
絆腳之物越少，前進速度越快。

你什麼都嫌貴，只會讓自己廉價

我的朋友「愛便宜」小姐，在H市的一家珠寶設計公司工作。愛便宜小姐人如其名，最喜歡買便宜的東西。

因為工作的原因，愛便宜小姐在上班時，經常要穿戴一些名牌衣服或首飾。自詡會過日子的愛便宜小姐，當然不願意花大價錢買名牌，在她眼裡，凡是上了一百元人民幣的衣服，都可以說是在搶錢。於是，愛便宜小姐就成了高仿（編註：高度仿真的假冒商品）店家的忠實顧客，每天穿的用的，都是外觀跟名牌差不多、價格卻不到正品十分之一的高仿貨。雖然這些高仿的品質不算好，但至少在外行人面前看著不會丟面子，還能省下不少錢。愛便宜小姐覺得自己真是太聰明了，暗地裡看不起公司那些買正品的人，總是跟朋友嘲笑自己的同事們不懂得勤儉節約，花錢大手大腳。朋友們都知道她的秉性，只能陪著她笑笑，無可多言。

可是自從某一天起，愛便宜小姐卻像變了個人似的，再也不嘲笑買名牌的同事們了。朋友一問才知道，原來前幾天愛便宜小姐剛發了一大筆獎金，她興奮得一夜沒睡，第二天就跑到專櫃，狠下心給自己買了一條蒂芬妮項鍊，然後滿心歡喜地戴著新項鍊去了公司。

愛便宜小姐本以為，懂行情的同事們肯定一眼就能認出這條項鍊是名牌，然後圍過來讚美一番。沒想到的是，她在公司裡跑上跑下地繞了好幾圈，把腿都快跑斷了，可是始終沒有一個同事發現她的新變化，更別提圍到她身邊稱讚了。

愛便宜小姐覺得很受挫，終於忍不住拉了一個平時跟她要好的同事，直截了當地問對方：「妳有沒有發現我今天的裝扮有什麼不一樣？」同事一頭霧水地回答：「知道呀，妳不就是換了一條項鍊嗎？」

愛便宜小姐眼睛一亮，彷彿看見了救星似的繼續問：「那妳覺得我這條項鍊怎麼樣，是不是特別好看？」

同事不以為意地掃了一眼，說：「成色是不錯，做工也滿逼真的。這次的高仿貨應該花了妳好幾百吧？不仔細看，我還以為是正品呢！」

愛便宜小姐說：「這就是正品呀，幾百塊還不夠這條項鍊價格的零頭呢！」

同事一拍大腿，說：「怪不得！不過這也不能怨我看走了眼。妳平時從來捨不得給自己花錢，連中午訂便當都不願意選原價的。這條項鍊戴在妳的身上，當然真的也像假的了！」

愛便宜小姐不死心，又跑去詢問其他同事，可是大家的說法都一樣。受到打擊之後，愛便宜小姐冷靜下來反思自己，終於明白了問題所在：她平時就是太「愛便宜」，以至於在不知不覺間，連自己都變得廉價了。

曾經的愛便宜小姐，買菜時一定買特價的，買衣服一定挑最便宜的，買零食肯定還有贈品的……至於買書、買化妝品、出去健身或旅行之類的消遣，她則一概視為「花錢不討好」的事情，唯恐避之不及。其實愛便宜小姐的收入不低，根本不必勤儉節約到這種地步。可是她既捨不得吃，又捨不得穿，每天過得緊巴巴的，就是為了多省出幾塊錢……她用廉價的生活裝點靈魂，結果把自己變得一錢不值。

精緻的生活體系也好，優雅的氣質也好，獨到的品位也好，都是從投資自己開始的。畢竟，一個每天用著雅詩蘭黛、定期讀書和健身的女人，與一個用一支唇膏都嫌貴的女人站在一起，只看氣色，便可立見高下。東西雖然不是越貴越好，但如果你沒有投資自己的意識，那麼你永遠無法開拓和提升自己。

沒人會願意透過你邋遢的外表，去探索你高尚有趣的靈魂。你只有相信自己值得更好的物質，透過自己的不懈努力，讓自己逐漸變得更加優秀，變得能夠配得上更優質的生活。

若你相信自己是「奢侈品」，總有一天，世界會承認你的價值。

在該花錢的時候就花錢，這是為了讓自己的未來變得「更值錢」。

大學時，我在兼職的咖啡廳，認識了同校的學姐鄭雯。學姐來自廣西山區，家裡以務農為生，經濟拮据。可是學姐卻是全院系最捨得給自己花錢的人——她每年都會報名學習各種課程，還堅持定期買英文和時尚雜誌。此外，她每天都去健身房訓練，每晚雷打不動地做面膜護膚，過得真是精緻又滋潤。

學姐的同學們都覺得她花錢太浪費：「看她那清爽水靈的樣子，根本不像貧困生！她花起錢來比我們還痛快呢，尤其是在買保養品和衣服的時候！有了錢存起來不好嗎，為什麼非要買那些可有可無的東西呢？」

甚至有些腹黑的同學猜測，學姐根本就不是貧困生，只是故意辦了清寒證明，好跟學校申請各種補貼罷了。

面對同學們的不理解，學姐選擇了既不解釋又不改變。她照舊每天健身、護膚、學習，努力提升自己，就這樣度過了大學四年。直到快畢業時，大家才發現，學姐不僅變得身材窈窕、皮膚白皙、氣質溫婉，還拿下許多語言和技術類證書，擁有諸多兼職和實習經歷。無論是外表還是內在，學姐都成了在人群當中最閃耀的那個人。當其他同學還在為面試和工作苦惱時，師姐卻憑藉自己精緻的外表和過人的能力，輕鬆斬獲了三家世界五百強企業的錄取通知書。後來，她選擇了其中最適合自己發展的一家企業，畢業後就去了這家企業位於上海的分公司，任職市場部總監，初始年薪三十萬元人民幣。

學姐成了學校師生們津津樂道的奇蹟，可是她自己卻不以為意，彷彿對這一結果早有預料。直到畢業離開學校的那一天，她才像解密似的跟我說：「我在大學時努力兼職、拚命賺錢，就是為了讓自己變得更好。我一直認為，一個人的最好活法，就是認真賺錢，然後把錢投資在自己身上，努力讓自己變美、變健康、變優雅，變得更加與眾不同。」

你一定遇到過這樣的女孩，她們也許家境並不富裕，樣貌也不夠精緻，甚至全身上下沒有一件超過百元的商品。但只要她們靜靜地站在那裡，即使離你八米開外，你也一定能感受到，她們由內而外所散發出的獨特氣場。於是，你覺得她們天賦不凡、註定堪當重任。可是你不知道的是，她們之所以能有今天高貴脫俗的樣子，並不完全是命運使然，更重要的原因是，她們從一開始就能看得到自己的價值，把自己當成一件奢侈品來投資。這樣的女孩，即使暫時沒有昂貴的物質傍身，你也不會覺得她「廉價」。

我常常聽到這麼一句話：這是一個「看臉」的時代。

在很多人看來，這個世界總是會偏袒那些身材苗條、長得好看的人，輕視那些又醜又胖、打扮土氣的人。其實這種判斷是不對的，這個世界會偏袒的，是那些願意為了變好看、變優雅、變健康、變博學而努力不懈的人；這個世界會輕視的，則是那些生活粗糙、目光短淺、寧願讓自己一輩子都活得廉價的人。

我們總希望把錢都花在「刀口」上。殊不知，能夠提升自己的每一筆投資，都是人生的「刀口」，只要是花給自己的錢，每一筆都值得。

我不知道愛便宜小姐的價值觀，是否在項鍊事件之後有所改變。直到暑假的某個下午，我突然接到愛便宜小姐的電話。

「阿檀，妳有微信帳號嗎？有的話就借我用一下，江湖救急！」

「妳要微信帳號做什麼？」

愛便宜小姐的語調難掩興奮：「沃爾瑪正在做促銷活動，只要有微信帳號就能領到一瓶老乾媽辣醬。一瓶夠我吃半個月呢。」

我一聽，趕緊把微信帳號交了出去，跟她說：「趕緊多掃幾瓶帶回家，這樣妳下個月的伙食就有著落了！」

來杯熱可可，甜笑一下

適度花費是「美」，
適度節儉是「德」。
一筆錢是值得還是浪費，
端看是用來投資自己？
還是為了炫耀給人看？

這一次你可以不「懂事」

前幾天，「芒果」給我打電話時講了一件事。

新學期剛開學時，她跟著一個學姐報名，參加了國際商品展覽會的口譯志工，工作三天，日薪人民幣三百元。雖然薪水不多，但芒果去參加的初衷，只是為了多累積一些工作經驗，薪酬倒是次要的。沒想到萬事俱備的時候，她偏偏在跟導師請假的這一關出了問題。原來，芒果的導師剛好接了一個私人工作，正打算讓芒果等幾個學生替她去做。

芒果說：「我們這個老師平時就喜歡無償使喚學生，我們班同學替她做過不少私人差事。每次都是又苦又累不說，還沒有工資、不供應午餐，有時候連坐車上班的費用都得自掏腰包。」

若是在平時，芒果隨便找個藉口安慰一下自己也就忍了，可是展覽會口譯這份工作，是她面試了整整三個小時，過五關斬六將才辛苦得來的，她真捨不得放棄。於是，她壯著膽子跟導師說：「老師，我下次再幫您做事可以嗎？我還是想去參加那個國際展覽會……」

導師故作語重心長地說：「外面的志願者活動，有很多都是騙人的，妳還年輕，沒有什麼分辨能力，還是做老師給妳的工作比較可靠。」

芒果不死心：「這份工作是我學姐推薦給我的，我也在學校就業辦公室那邊求證過了，肯定沒有任何問題。我是真的很珍惜這次機會，請您讓我去吧！」

導師擺出一副恨鐵不成鋼的樣子說：「就算這次活動是真的，可是當志工有什麼意思啊？妳才剛上大三，想當志工，以後有的是機會，這次還是先把老師交給妳的工作做好吧！」

芒果有些不平：「可是……」

導師重重地拍了拍她的肩膀，彷彿要把她心裡那點不平一併壓下去：「妳不要跟妳那些學長學姐一樣，上了幾學年之後就開始心性浮躁，被眼前的蠅頭小利沖昏了頭腦，連老師的話也不聽了。這樣不懂事、不聽話的學生，以後早晚有吃虧的時候！」

從小到大，芒果一直都是傳說中的「別人家的孩子」，懂事聽話就是她的代名詞。她真是太害怕「不懂事」這個形容詞了，可是她真的不想放棄這次志工的機會。

在電話裡，芒果憂愁地跟我說：「我真的不想成為導師口中不懂事的學生，可是我也不想再任由她擺布，替她無償做私人工作了。阿檀，妳說我到底該怎麼辦呢？」

我說：「既然妳這麼想去參加國際展覽會，那就拒絕老師呀，反正她還可以再安排別的學生做事，少妳一個也沒差。」

芒果有些擔憂地說：「可是，我怕自己要是拒絕了老師，老師以後會逢人就說我不懂事，甚至徹底放棄我呀！」

我想了想，認真地說：「到底是選擇繼續聽從老師的安排，還是選擇自己早就選好的路，能替妳做決定的不是我，只能靠妳自己。」

那天，芒果跟我通過電話之後，又猶豫了整整一個晚上。最終，她還是選擇了拒絕導師，按照原定計劃去參加國際展覽會。展覽會辦得非常成功，芒果在為期三天的口譯工作當中，不僅訓練了翻譯能力，還在許多前輩的幫助下學到不少工作技能，受益頗多。實際上，她拒絕了導師之後，導師也沒有說她什麼，待她一如既往。

當有人借用職務之便，故意阻止你的上升腳步時，你可以「不懂事」一點。

大一的時候，我第一次去日本旅行，興奮之餘，就把行程發到了社交媒體上。結果，一些親戚朋友們看到之後，紛紛給我打電話、傳訊息，要我幫他們帶東西回家。

最關心生活品質的七大姑說：「姪女呀，我聽說日本的電鍋和電磁爐品質很好，妳幫我背一個回來吧！」

最關注女兒學習的八大姨說：「外甥女呀，我女兒一聽說妳要去日本，她可高興啦！她說最喜歡日本的MUJI（無印良品）文具了，替我買幾套回來好嗎？」

表姐是最雷厲風行的一個，她直接趕了個大清早找上家門，遞給我一個長長的購物清單說：「都說日本的化妝品和藥品經濟實惠，你記得按照這個單子上面寫的貨物，一樣樣給我帶回來一個就行！」

我有些嫌煩了，想拒絕一些親戚的請託。爸媽勸我說：「妳長大了，要懂事一點，不能什麼事情都任性而為。這次如果不幫他們，等逢年過節回老家的時候，我們一家怎麼面對這些親戚呀？」

我一想也是，「不懂事」這頂帽子太高了，我可不敢輕易戴上。於是，我只好賠著笑臉，把親戚朋友們的購物要求照單全收。

其實，要我代購東西倒也無所謂，可是這些親戚們一個都不出錢，不約而同地說要等見到東西之後再付款。我想，大家都是親戚，沒必要太在意錢的問題，於是便自己先出錢，替他們買好了他們想要的東西。我在日本一共待了半個月左右，其中一半的時間，我都在盡心盡力地替親戚們貨比三家，盡量以最低的價格買到最好的商品。

當我準備坐上回國的飛機時，我的背包和行李箱裡，全塞滿了親戚朋友們指名要買的東西，甚至連自己原本帶來的行李，都擠到不得不扔掉一些。不只如此，我還是因為飛機的「免費載重額度」不夠，自己多花了兩百多元人民幣。

可是，等我把親戚朋友們託買的東西分給他們時，他們卻一改之前拜託我買東西時的謙遜，開始東挑西揀、嫌肥厭瘦：一會兒說我買的牌子不對，一會兒又說我挑的顏色不喜歡，一會兒又吐槽我買的價格不夠便宜……說到底，就是想跟我討價還價，不想照商品的原價還錢給我。

我原本以為，自己辛辛苦苦地替親友們做無償代購，甚至不惜自掏腰包把他們這些東西運回國，就算沒有功勞也有苦勞吧！可是，這只是「我以為」而已。從那時起，我下定決心，有機會再出國時，一定不要讓任何人知道。

當有人借著親情或友情的名義，裹挾著要你為他們效勞，甚至故意傷害你的時候，你可以「不懂事」一點。

街坊有一位張阿姨，她跟我媽比較要好。她是一個特別「熱心腸」的人，自從她女兒離開家到外地工作之後，獨居的張阿姨就成了我家的常客。因為兩家住得近，再加上我爸媽又很熱情好客，所以就算逢年過節，這位張阿姨也會偶爾跑來串門子，找我媽聊天。

來串門本來無所謂，人多熱鬧點。可是每次這位張阿姨來的時候，只要看到我在家，她就會搬出她那套三觀不正的「教育經」，強行灌給我爸媽聽。

張阿姨一會兒跑到廚房跟我媽說：「妳女兒都二十多歲了，妳再不趕緊催她找對象，好男人就都被挑走了！」

看我媽忙著做飯，她又走到客廳跟我爸說：「你們最好直接替她安排好工作，等她一畢業就趕緊讓她結婚，過一年再生個孩子，這樣她的生活就能徹底穩定下來了！」

見我爸媽都不大理她，張阿姨又溜到我房間裡，擺出一副苦口婆心的樣子跟我說：「妳一個女兒家，千萬別總想著到外地去闖蕩，就留在父母身邊最好了！女人的事業再成功，到最後還是得靠一個男人嘛！」

我被這位阿姨煩得不行，我爸媽其實也不太喜歡她，可是一則礙於鄰里之間的關係，二則人家到底也是好心，所以只能勸我一忍再忍。

大三那年寒假的時候，我回家過年，剛好碰到張阿姨也端著餃子過來串門。我原本以為她是來送餃子拜年的，沒想到，她這次串門的主要目的，居然是來替我安排相親！

張阿姨拿著一疊照片，一屁股坐到我旁邊，十分熱心地把照片一張張地在茶几上攤開，一個個幫我介紹。我終於忍不下去了，只好說：「阿姨，我的人生只能由我自己來規劃，能不能請您不要再費心了？」

張阿姨悻悻地走了之後，我爸媽有點替她抱不平，說：「妳這孩子太不懂事了！人家張阿姨也是關心妳，就算妳不領她的情，也不該當面給人家難堪呀！」

我很認真地說：「我並不是不懂事，我也很感謝張阿姨對我的關心。但我同樣也該讓她明白，我的人生，不需要任何人以『好心』為名隨意擺布。」

當有人要喧賓奪主、對你的人生指手畫腳的時候，你可以「不懂事」一點。

「懂事」的涵義，不是讓人完全放棄自我、逆來順受；而是要你學會：在保護好自己合理利益的前提下，再統籌兼顧大局。

有時候，我們真的不必處處為人著想，也不必次次顧慮別人的感受。不必因為對方是授業恩師，就替他們辦事，而犧牲自己難得的機會；不必因為對方是親戚，就替他們買東西，而耽誤了自己的旅行；若你已經對未來有了規劃，那麼就不必為了一句「懂事」的肯定，而放棄自己生活的主導權，服從他人給出的軌跡過完一生。

長輩們總是告訴你要學會「懂事」，可是往往沒有人告訴過你，在什麼情況下，你其實也可以不懂事。於是，你總是為了別人的事情而委屈自己，即使咬碎了牙，也只能往自己肚子裡吞。你忍得再辛苦，心裡再委屈，也不會有人給你發獎狀、頒錦旗，你為的是什麼？

「懂事」二字，不是束縛住一個人的模具，人也不是生產線上的工業製品，不可能完全照著一個模子成長。活出自己的樣子並沒有錯，在遭逢傷害的時候，保持一些原則和稜角，也沒什麼不好。

嘿，那邊那個超聽話的年輕人，有些時候，你真的可以「不懂事」一點！畢竟人生苦短，你要先活給自己看。

來杯熱可可，甜笑一下

做事總期待別人認同？
跟著別人的軌跡走，覺得比較安心？
如果對別人來說，
你總是很「懂事」，
或許意味著你還「不懂自己」。

你弱的時候，壞人最多

在北京實習時，隔壁策劃組的實習生圖圖剛好坐在我對面。圖圖是一個做事負責的女孩，跟前輩們學習時也最認真，但不知為什麼，她做的策劃案總是被老闆否決。圖圖不死心，每次做案子時，都會吸取上一次失敗的經驗教訓，一次比一次更加用功，可是收效甚微。

這天，圖圖又收到老闆發來的一封回覆郵件，她迫不及待地打開一看，臉上的表情很快「由晴轉雨」。我好奇地跑到她的座位，發現她這次精心做的策劃案又被否決了。

看著圖圖滿臉鬱悶的樣子，我只好安慰她說：「勝敗乃兵家常事，你別太放在心上，下次再努力就好了。」

圖圖靠在椅背上，惆悵地說：「阿檀，妳不知道，這份案子絕對是我實習以來，做得最好的一個了！為了寫好它，我這半個月天天主動加班查資料，每天都忙到凌晨一點多鐘才休息，高考複習的時候我都沒這麼辛苦過，我……我還以為這次的案子一定會過，沒想到居然又被否決了……」

圖圖看著那封郵件喃喃自語好一陣，忽然噌的一下從座位上站起來，威風凜凜地指著一臉驚恐的我說：「阿檀，我決定了！我這次要親自去找老闆，要他給個合理的解釋，我一定要知道我的案子究竟哪裡做得不好！」

我欲言又止，只說了句：「風蕭蕭兮易水寒……」

圖圖大義凜然地朝我點了點頭，然後立刻重新列印了一份策劃案，又準備了好幾落相關文件，然後抱著這一大疊快把她整個上半身遮住的資料夾，噔噔噔跑到老闆的辦公室門前，深吸一口氣便敲門進去。等她出來後，像被霜打了的茄子似的，完全沒有了原先的熱情。

我問她：「妳見到老闆了嗎，老闆怎麼跟妳說的？」

圖圖頹唐地坐到座位上，說：「見到了。老闆直接告訴我，考慮到我是新人，沒有什麼工作經驗，做的策劃案肯定也不會有多好。所以為了節省辦公時間，他從來都沒看過我交的案子！」

圖圖說著歎了口氣：「唉，雖然心裡不舒服，但老闆說的也有道理，是我自己的能力太弱，不被重視也正常。」

生活就是這麼殘酷，鮮花和掌聲永遠只會屬於強者。你如果太弱小，就別怪別人視你如螻蟻，看不到你的付出和努力。

圖圖的經歷，讓我想起了我的另一個朋友「彈簧」小姐。彈簧小姐在剛進公司成為職場新人的時候，也和圖圖一樣，沒少受到辦公室「老油條們」的冷落和白眼。

那個時候，彈簧小姐幾乎每天晚上下班後，都要在微信上跟我吐槽幾句，說的內容負能量滿滿：要不是這一天上班時又受了什麼欺負，就是一番辛苦又被老員工無視，結果竹籃打水一場空。

彈簧小姐委屈地說：「我每天都是公司裡第一個去上班的人，下班時我也總是主動加班到深夜，只要有時間，我就會義務替公司打掃衛生，只要有人需要，我就會替他們跑腿、取快遞、拿外送便當。跟前輩們一起加班的時候，我總是主動包攬所有人的宵夜和奶茶。可是我明明工作那麼努力，為公司付出了那麼多，那些老員工還是看都不看我一眼！」

我勸慰她說：「可能是公司裡的人跟妳還不熟悉吧，過一段時間應該就好了。」

彈簧小姐說：「阿檀，妳知道嗎？我已經在這家公司待了小半年了，可是始終都沒人在意我的價值。在這半年的時間裡，我每個月拿著兩千元出頭人民幣的實習工資，做著全公司最辛苦的工作，卻連被人稱呼名字的資格都沒有。所有老員工叫我跑腿辦事時，都只會叫我『欸，那個新來的』！

公司裡有一個只比我大一歲的女生，明明跟我是同級，但因為她來公司比我早一年，她就可以隨意對我呼來喝去。甚至在週末，她一個電話打給我，通知我去公司，我就得立刻放下手中的一切跑去加班，還沒有加班費。

其他資歷老的員工更是把『表裡不一』這一套耍得爐火純青，在老闆面前擺出一副兢兢業業、勤懇踏實的樣子，可是一轉過頭來，他們就隨便撂下一句『欸，那個新來的，替我們把工作做了吧，我們還有事』，然後就把自己的工作一股腦兒地都丟給我，連一句謝謝都不說。」

我耐心地聽完了彈簧小姐漫長的抱怨，輕輕歎了口氣，說：「那妳……要不要考慮換一份工作呢？」

想不到，原本還牢騷滿滿的彈簧小姐，居然不假思索地拒絕了我的提議。

她很認真地跟我說：「妳以為我跟妳吐槽了這麼多，是因為這家公司的壞人太多了嗎？這世界上哪裡有全是心地善良的『小天使』的地方呢？壞人無處不在，與其一被人欺負就嚇得狼狽逃跑，不如努力讓自己變得強大起來。否則就算逃到了天涯海角，那些欺負你的惡人也會如影隨形。」

於是，彈簧小姐繼續留在這家公司工作。儘管她的努力還是經常被人無視，可是她仍然毫不在意地拚命學習業務技能，暗暗提升自己的實力。很快，在一次涉外貿易當中，彈簧小姐憑著極其出眾的英語口語能力脫穎而出，獲得了老闆的賞識。到了年底，她又以全公司第一的業績，贏得了整個辦公室裡唯一的晉升機會，成為新員工當中升職最快的人。

等彈簧小姐終於用實力證明了自己的價值之後，那些原先欺負過她的老員工開始變得和氣起來。她的工作提議不會再被人無視，她的付出也不會再有人嘲諷；沒有人再敢使喚彈簧小姐跑腿做雜事，更沒有人再敢隨便敷衍幾句就把她叫來加班，或者把厚厚的一疊資料丟在她桌上。

五年之後，彈簧小姐仍然留在原來的公司，只不過此時的她已經成了副總，年薪超過人民幣五十萬。而那些當初仗著資歷偷奸耍滑、欺負新人的老員工，卻大多離職或被辭退，不知去向。

這世上唯有強大的人，才有自由選擇的權利，也才有被人重視的資格。

要想不被欺負，你只能讓自己變得更強大。只有用「實力」狠狠地反戈一擊，才能讓自己過得更有尊嚴。

為什麼我們總感覺身邊的「壞人」很多？難道就因為自己十分不幸地長了個「包子」樣，所以才會處處有「狗」跟著？

許多時候，別人之所以會欺負你，不是因為他們有多壞，而是因為你自己實在太弱。當你缺少保護自己的鋒芒，就別怪別人專挑你這個軟柿子捏。

你弱的時候，覺得身邊壞人多，那是因為你好欺負；你強的時候，覺得生活特別公平，那是因為你已經有了主宰生活的能力。

所謂人生，就是在無數次痛苦的暴擊中殺出一條血路。你只有足夠強大，才能在風雨過後依然挺起胸膛，不被生活肆意踐踏。

來杯熱可可，甜笑一下

因為心太軟，被認為好欺負？
因為太謙虛，被認為你很弱？
反擊「勢利眼」和「不長眼」的人，
唯一方法就是讓自己變強大，
並且展示你的強大。

做自己的粉絲

第一個故事。

秋秋還在上高中的時候，就和那個你我都認識、可是又都想不起來名字的女生一樣，是一個中規中矩的孩子。她長得不夠漂亮、性格不夠開朗，既沒有什麼文藝特長，學業成績又不算太好……不管從哪方面來看，她都是一個挑不出錯誤、但也挑不出一點拔群之處的平凡女生。這樣的她，自然會被班裡的同學有意無意地漠視，抑或是被一些年紀相仿的嬌蠻女生排擠、孤立。可是，少年時代的秋秋並不抱怨生活——生活雖苦，可是她有自己的排解辦法，她的辦法就是寫小說。

那時候，十幾歲的秋秋在網路上連載自己第一本校園言情長篇小說，她還把所有老師和同學的名字都寫進了小說裡。秋秋在自己創造的夢幻世界裡安靜療傷，在她編織的故事裡，她是整個學校的風雲人物，就連校草也手捧玫瑰、單膝跪在她面前苦苦哀求：

「秋秋，我愛妳，別離開我。」

現在看來，這本處女作的文筆實在太稚嫩、構思也太俗套了。可是在當時，秋秋獲得了不少忠實讀者。這本小說成了年少時的秋秋傾訴心緒的唯一樹洞，在那個處處受人排擠的黯淡歲月裡，給了她很多安慰。

有一天，她的這部小說竟然被一個同班同學列印出來，帶到了班級裡。整整一天，從上課到下課，這部小說就在同學們的手裡一遍遍地被傳閱著。後來，這部小說甚至傳到了老師們的手中。最後，秋秋因為「玩物喪志」被請了家長來，她因此再度成了大家口耳相傳的笑話。

長大後，每當看到「艱難歲月」之類的詞語，秋秋總會忍不住想起自己青春期結束時的那段日子。那時，她寫了幾萬字的小說手稿，被嚴苛的父親一把火燒掉，每次她走進校園、走到教室裡，她都會聽到各式各樣的嘲諷。

「喲，這不是我們班的大作家秋秋嘛，能不能給我簽個名呀？哈哈哈哈！」這是最調皮搗蛋的小宇說的。

「她也不照照鏡子，好好看看自己長什麼樣，居然好意思把自己跟校草寫成一對，真不知廉恥！」這是一向嬌氣愛美的大娟說的。

「我媽媽說了，妳這麼平凡的女孩要是能成為作家，她都能當太空人了！」這是柔弱乖巧的小栗說的。

隨著時間的流逝，那些曾經放肆吐出傷人字眼的孩子們，可能早已經忘記了自己當年說過、做過的事情，也忘記了她們曾經共同針對過的那個受害者。可是，秋秋一直都記得。

多年以後，秋秋真的成了一名暢銷書作家。夜深人靜時，她坐在燈火闌珊處，對著電腦，敲下對往事的一段總結：

「只有自己才是最瞭解自己的人，只有自己才知道自己熱愛什麼。就算所有人都不理解你，甚至你可能一出生就泡在無邊無際的苦難、嘲諷和刁難裡，但是，那又怎麼樣？至少你還可以成為自己最忠實的粉絲。至少，你還有自己。」

第二個故事。

阿明做了一輩子建築工程師，一輩子都在跟尺規和數據打交道。今年，六十歲的阿明退休了，公司為他買了一張回鄉的火車票。在列車上，他還在做著未完的計算，那安靜專注的神情，與車上嘈雜的人聲格格不入。

坐在阿明對面的是一個衣著鮮艷的年輕人，他看了阿明老半天，終於忍不住跟他搭了話：

「大叔，您這是在寫什麼呀？」

阿明放下手中的鉛筆頭，目光透過架在鼻樑上的老花眼鏡看向年輕人：「這是草稿，我在計算一份工程的資料，我是工程師。」

「工程師一定賺很多吧？外快、紅包肯定拿了不少吧？」

「主要還是靠正式的工資，養活自己沒問題。」

「工程師……是幹嘛的？畫畫圖紙、算算數？」

「啊……差不多吧！」阿明笑了笑。

年輕人覺得有些好笑，又有點替阿明覺得不值。

「現在這年頭，做什麼事都求名求利。您賺得不算多，老百姓也根本不在意工程師到底做了什麼工作，您不覺得一輩子虧了嗎？」

阿明慢慢展開一個溫和而篤定的笑：「我知道，我的價值和才華，可能一輩子也不會有人看懂。可是，就算所有人都看不到我的付出，所有人都覺得我不值得，我自己覺得值得，就夠了。」

第三個故事。

「追光者」小姐是一個狂熱的追星族。只不過，她的偶像不是哪一個明星，而是身邊所有她認為比她更優秀的人。

追光者小姐平時最喜歡的說話方式，就是「捧高踩低」。不管朋友們跟她聊的是什麼話題，她都能把話題歸納為一句不變的總結：「你真的太厲害了！不像我，我真是一無是處……」

一開始，朋友們還以為追光者小姐只是性格謙遜。可是很快他們就發現：追光者小姐總是一邊狂熱地捧高別人，一邊不加節制地瘋狂貶低自己，引得朋友們只能放下手邊的事情來安慰她。時間久了，朋友們終於煩不勝煩，紛紛找藉口離開了她。

孑然一身的追光者小姐，依舊覺得理所當然：「我是這麼差勁的一個人，沒有朋友也是應該的。」

其實，追光者小姐的條件並不差。她是一家上市文創公司的設計總監，要顏值有顏值，要身材有身材，要能力有能力，可惜就是沒有自信。

你誇她長得漂亮，她歎了口氣，說：「容顏早晚都會老的。」

你誇她氣質優雅，她皺了皺眉，說：「潛臺詞就是說我不夠好看。」

你誇她能力出眾，她趕緊擺手，說：「我跟別人比起來還差得很遠。」追光者小姐總是認為，光明和美好只降臨在別人身上。於是，她像一隻趨光的螢火蟲，奮力地撲向別人的光和熱，卻從來沒有注意到，其實她自己也有屬於自己的光，自己也在被別人仰望和追逐著。

人們常常以為世界只有一個。其實，我們每個人所看到的世界各不相同，我們眼中的世界，都經過了我們內心的再創造。換句話說，我們每個人都戴著有色眼鏡看世界，我們每個人的世界都不是客觀的。

有些人的有色眼鏡是「近視鏡」。他們總覺得自己生來就高人一等，很容易就能看到自己的長處，卻常常看不到別人的優點，聽不進別人的傾訴。

有些人的有色眼鏡是「遠視鏡」。他們總能清晰地看見別人的長處、別人的輕鬆、別人的幸福，卻總是習慣性地無視自己的價值。妒羨之餘，他們只能自怨自艾、自輕自賤，終日感歎命運不公、人生黯淡。

誠然，「近視鏡」對人是有害的，可是戴著「遠視鏡」的人卻更加可憐。因為帶著對自己的偏見，他們永遠也無法錘鍊自尊、承認自我。他們可以是所有人的粉絲——他們願意以一顆真心去讚美朋友、追捧領導、鼓勵同事，甚至願意去給一個素昧平生的路人點讚，卻獨獨忘了欣賞自己。

我們總是很容易看到別人的耀眼光芒，卻忘記了，自己也是光芒中的一縷。其實，人生最大的悲哀不是無人問津，而是連自己也不愛自己。

你可以走自己的路、做自己的夢，過自己喜歡過的人生，沒必要照搬別人的劇本來演自己，因為你就是自己的超級巨星。

來杯熱可可，甜笑一下

習慣為他人鼓掌，叫做風度？
習慣待在暗處，叫做低調？
然而面對你的人生，你不能只是坐在觀眾席。
無論目前的裝扮和腳本如何，
都請盡速上台。

承認平凡就是丟臉嗎

朋友小櫻是個文靜柔弱的女孩，走起路來輕手輕腳，說起話來柔聲細語，頗有林黛玉的風範。與大家相處時，她總是善解人意、處處照顧身邊人的感受，甚至不惜委屈自己。她還是一個特別追求完美的人，很多時候，事情明明已經做得夠好了，她卻還是糾結在不足之處，忍不住痛苦懊惱，陷入深深的自責。在她看來，她從小到大都一無是處，什麼都做不好。於是，她對自己要求得近乎苛責，平時的生活十分節儉，甚至連買一雙名牌鞋子都得反覆琢磨好幾天，因為她認為自己不配擁有。

我與小櫻私交甚好。我曾在私下裡問過小櫻，為什麼對自己要求那麼嚴格。她坦誠地對我說：「我骨子裡是一個特別自卑的人。小時候，父母對我要求很嚴，一旦我沒有完成他們的要求、給他們丟臉了，他們就會對我百般羞辱，還美其名說是為了我好。」

小櫻的父親是國內一流大學的副教授，母親則是建築設計院的設計師，兩個人都在各自的領域功績卓著。當慣了佼佼者的他們，自然對自己的獨生女小櫻寄予厚望，從不容許她稍居人後。

小櫻從小就背著父愛、母愛這兩座大山，每一步都走得蹣跚又疲憊。可是，她不敢停下來。

小櫻的父母把全部的精力，幾乎都投入到了工作上，對小櫻的關心和照顧似乎微乎其微。一提到自己的父母和童年，小櫻的情緒就會顯得特別激動，她說，自己的父母雖然在人前風光無限，可是在她看來，他們從未盡到為人父母應盡的責任，只知道把一切責任都推到她這個女兒身上。

小櫻說：「我父母最常跟我說的一句話就是，他們兩個人的臉全被我丟盡了。其實，我沒做過什麼十惡不赦的壞事，我只是不想像他們一樣爭鬥一輩子，我只想當一個普通人，難道這有錯嗎？」

我說：「天下熙熙，皆為利來；天下攘攘，皆為利往。你不是錯在追求平凡，而是錯在想要逆流而行。」

小櫻點點頭，笑著說：「起初，我以為我的想法是錯誤的。畢竟，這世上幾乎所有的名流高士，都在教你怎麼成為人上人，所有人都在努力讓自己躋身那個所謂的上流社會。於是，我深深地怨恨自己的無能，恨不得以死謝罪。」

那個時候的小櫻常常以淚洗面、鬱鬱寡歡，她以為追求平凡的自己，是一個沒有進取之心的廢物，所以長大後的她極度缺乏自信，始終認為自己一無是處。

儘管她很想改變自己的性格，可是童年的殘酷烙印已經深入骨髓，她一直疲於擺脫，卻收效甚微。

小櫻最後對我說：「如果我以後有了孩子，我要告訴他的第一句話就是——你可以不做人上人。」

我去日本橫濱旅行時，曾經造訪過一間很有名的店鋪。日本橫濱的郊外，有一個名為「長谷川果樹園」的水果直營店。這裡每天一大早就會排起長隊，出售的新鮮水果，常常一個上午就能賣完。

我一問才知，這間水果店已經營業幾百年了。當下水果店的店主是一個腰膀壯實、長相寬厚的中年男子，名叫長谷川勝行，他也是同名果樹園的園主，店裡兜售的水果，都是他和家人一起種植的。

長谷川勝行說，年輕時他曾經做過東京的高級白領，在父親病重時，他毫不猶豫地選擇辭職回家，繼承了父親的果園，過上了「面朝黃土背朝天」的農夫生活。長谷川先生對我說，他自己也承認當初在繼承家業時，覺得自己的自由選擇權似乎被剝奪了，所以並不算心甘情願。可是到後來，他在寒來暑往的勞作和收穫過程中，愛上了這份經營現實版「開心農場」的工作。

長谷川勝行有三個可愛的女兒，雖然她們年紀各不相同、性格各有特色，可是都不約而同，決定讀完大學之後回到果園工作。在週末或者平時學校沒課的時候，她們會主動到水果店裡幫忙。她們真心覺得，果農的工作值得她們付出一輩子，她們真心希望能夠用自己的一份力量，幫助父親把家族的果園事業發揚光大。

去了日本以後，我一直很奇怪：世界上知名企業那麼多，為什麼日本企業的生命期大多特別長，甚至存活千百年之久？後來，我的一位日本朋友告訴我，這也許是因為日本的職業沒有高低之分，無論什麼類型的工作、何種內容的工作，在日本人看來都是平等的。

在國內，人們似乎很喜歡把身邊的一切都分個三、六、九等。職業也好，人也好，我們總是想去爭奪那些「更加光鮮」的部分，躋身「更高的層次」。不少父母在教育孩子時，仍然最喜歡用這句話：「你要是現在不好好讀書學習，長大了就得去賣菜！」

我們把「成功」的定義，跟「金錢」和「社會地位」掛鉤，為了賺到更多錢，我們不惜身體、熬夜趕工，並習以為常。於是，整個社會都變得「忙碌」起來。我們恨不得給自己上足發條，生怕比別人跑慢一步。可是，我們向前奔跑的目的是什麼？我們追逐的終點在哪裡？沒有多少人真的清楚。

這個社會怎麼了？

「普通」不該等同於「失敗」，「平凡」也不該被視為「可恥」。實際上，也許正是那些默默無聞的普通人，才撐起了我們今天的生活。

真正可恥的不是平凡，而是為了沽名奪利而不擇手段。

中國文化博大精深，中華典籍浩如煙海，我卻只為其中一個詞而深深著迷，那就是「不爭」。

所謂「不爭」，不是要你什麼都不去做，只知道混吃等死、坐等命運垂憐；而是教你不要去和強大的力量硬碰硬，要把全部的精力，都用來韜光養晦、提升自己，讓自己走到最適合自己發展的位置。然後，你可以在這個位置上堅持努力付出，把自己的前途命運，和你所鍾愛的事業融為一體。這樣，如果你足夠幸運，也許就能以四兩撥千斤的巧勁兒，扳動最關鍵的一環，讓整個潮流改向。這時，你就自然被命運推上了人生的制高點。

《道德經》說：「夫唯不爭，故天下莫能與之爭。」說的就是這個道理。

如果把內心的修養比喻為杯中茶，那麼財富、名譽、地位，就是那裝茶的茶杯。這些東西原本只是茶的陪襯，無論這陪襯是好是壞，是精雕細琢還是質樸無華，其實都不會影響茶的清香。可是，很多人常常執著於爭奪更光鮮亮麗的茶杯，卻忘記了品一品杯中茶味。

我們生活在物質最為豐富的時代裡。我們居住的房屋越來越豪華，我們掌握的知識越來越多元，我們能夠看到的世界越來越廣闊……可是我們的內心，似乎並沒有比過去的人變得更加快樂。

我們都是向著山頂邁進的薛西弗斯（編註：希臘神話中的巨人，因犯錯遭宙斯處罰，推著施了魔法的沉重石頭，吃足苦頭卻始終無法推至山頂。隱喻凡人在懷抱希望、勞苦努力卻失望沮喪中重複循環的過日子），我們一輩子都在朝著那個縹緲的頂峰艱難邁進，可是山頂有什麼呢？

的確，山頂有清新的空氣，有磅薄的雲海，有「一覽眾山小」的喜悅。可是，山頂也有懸崖峭壁，有飛石暗沙，有每走一步都如履薄冰的心驚膽戰。

平凡的人未必過得痛苦，那些所謂的成功者們，也未必真的就脫離了低級趣味，沒有了人間煩惱。真正的成功，應該是與內心的欲望達成和解，在喧囂的社會中，獲得長久的平和與寧靜。

不懂得如何在「平凡」的日子裡堅持，就不會取得「非凡」的成就。親愛的，無論你是選擇身披錦繡、搏擊長空；還是選擇閱盡紅塵、安守清閒，我都希望你能夠以全副身心，去度過生命的每一分鐘。

願你的人生自由又獨立，願你邁向未來的步伐更加篤定。

來杯熱可可，甜笑一下

「平凡」和「非凡」
都是個人認定。
我們向前奔跑的目的是什麼？
我們追逐的終點在哪裡？
一邊向前跑著要一邊想清楚。

記住，你不是生活的受害者

她的童年並不算幸福。

雖然她的父母雙全，家庭經濟也還算富裕，可是她從來沒有體驗過來自家庭的愛。因為是女孩，所以父親那些重男輕女的親戚們，一直都不太喜歡她，動輒對她非打即罵。她從母親那裡聽說，自己從兩歲起就開始挨打。她還記得童年時，父親酗酒厲害，常常在外面喝到半夜才回家。一回到家裡，父親就會把她從睡夢中拎起來，勒令她陪在身邊，聽他嗚咽地訴說他的過去，以及他對生活的滿腹牢騷；要不就是借酒裝瘋，只要稍有不順意，喝醉的父親就會把家裡的東西往樓下扔，或者直接舉起來，朝她和母親的身上、頭上砸去。

她上小學一年級時，語文老師讓孩子們寫出自己的夢想，她捏著鉛筆頭，用初學的拼音和為數不多的漢字，歪歪扭扭地寫道：「我希望長大後能有一個安靜的晚上，讓我和媽媽能一覺睡到天亮。沒有爸爸，什麼事都沒有。」

隨著她年齡的增長，她的父親出於男女之別，不再動手打她，而是換了新的方式，毫不留情地淩辱她的尊嚴。在古板又無知的父親眼裡，她既然是一個女孩，就相當於是他這個男性的所有物和附屬品，女兒的生殺大權、女兒的人生選擇，都該由他來決定。

她還記得自己第一次反抗父親暴行的那一天，她全身顫抖地跟父親大聲強調，他沒有隨意處置她的權利。可是話剛出口，她就極不爭氣地大哭起來，哽咽得連一句完整的話都說不清楚。

父親一臉玩味地看著她，等她吼完了全身的力氣，就吩咐她的母親取來她的書包，當著她的面，笑嘻嘻地把她視作能改變命運的珍寶——那些課本和習題冊、筆記本全部撕爛。然後，父親扔給她一個打火機，要她跪在地上，親手把這些紙片一張不剩地燒掉，否則就不許她上學。

她忍受著心中升騰的極度憤怒和委屈，一點點燒完了所有的紙片。那一刻，她感覺自己的自由，也一併隨著火焰徹底湮滅。後來，她患上了很嚴重的心理疾病。她曾經無數次嘗試過自殺——割腕、溺水、喝自己調配的「毒藥」……幸好，她的嘗試一次也沒有成功。

那個時候的她真的很怨恨父親，也怨恨命運。她覺得自己被命運虧欠，便開始痛恨身邊的一切人和事，繼而痛恨所有的希望和光明。慶幸的是，不知在哪一天，她終於意識到了自己舊傷的可怕，她這才鼓起勇氣，重新面對這份醞釀了十幾年的傷痛，並最終挺了過來。

她告訴我，現在她回憶這些往事時，那些傷疤已經不會再那麼疼了。

我問她，該如何與過去的苦難達成和解？她低下頭沉思片刻，笑答：「和解的方法應該是因人而異的，而我的方法就是，忘記自己曾經是命運的受害者。」

我曾在網上看到一則新聞。新聞裡講的是一個很令人痛心的故事：湖北一位年輕的母親因為丈夫突然失蹤，不堪忍受來自丈夫家庭成員的各種輿論壓力，最終選擇帶著一雙兒女跳河而亡。臨行前，她留下遺囑，表示想在地下世界與失蹤的丈夫團聚。可是令人瞠目的是，她的丈夫既沒有離世，也沒有真的失蹤，只是因為欠下十多萬的債務無力償還，才想到以失蹤的方式騙取保險金來還債。為了讓不善扯謊的妻子能順利拿到保險賠償金，他故意隱瞞了妻子，自導自演了一齣「好戲」。可惜，他還沒來得及等到自己的保險金，就先等來了妻兒身亡的消息。

男子故意失蹤騙保險金的行為的確可恨，可是那位可憐的女士和她無辜的孩子們，卻不能不令人扼腕歎息。

其實，受害者最大的致命傷，往往不是來自外界，而是來源於自己。

「我不畏懼流言和誹謗，因為我知道他們說的都是錯的，所以他們說的話傷不了我。」記不清是哪位作家說的了。

生活的痛苦並不可怕，可怕的是：連你也相信了自己是命運的棄兒，開始以「受害者」的眼光看待周圍的一切。你主動封閉了自己的內心，眼睜睜地放任自己一步一步走進泥潭深處。當你自己放棄了好好生活的信念時，就算有人想在外面拉你一把，也找不到你的手在哪裡。

痛苦的滋味誰都嘗過。甚至可以說，生活的真諦，原本就是「屋漏偏逢連夜雨，船遲又遇打頭風」。

溫柔賢淑的許小姐，是我的一位「忘年交」朋友。她原本出身富貴之家，自己也曾經有一份發展不錯的事業。可是婚後的她，為了幫助丈夫穩定「後方」，主動辭職做了全職太太，從此在家裡相夫教子。

許小姐的丈夫很感激她的犧牲，更加投入心思忙工作。許小姐也放下了昔日高級金領的身段，投身於柴米油鹽，為家庭付出了許多。她原本以為自己的生活，可以一直這樣平淡幸福地過下去。可惜，生活的變數往往出其不意。在四十歲的時候，她聽說丈夫出軌了。

事情敗露後，丈夫顯得異常平靜，直接掏出一紙離婚協議遞到許小姐面前。他以為，老婆現在沒有工作，無依無靠，又帶著一個孩子，肯定不敢與他離婚。可是許小姐卻簽字了。她說：「我不是沒了你就不行。」

她離開得很瀟灑。可是離婚以後，她從當初溫柔似水的妻子，一下子變成了一個喋喋不休的怨婦，逢人便要講起自己的悲慘婚姻。朋友們都很同情她的遭遇，也願意花上小半天的時間，一邊認真聽她聲情並茂地訴說，一邊陪著她大聲痛罵那個負心渣男。但是後來，朋友們發現她始終都沒有走出過去的陰影。萬年曆上的頁碼，雖然被時間有條不紊地一頁頁撕去，可是許小姐的生活，卻停在了她最痛苦的那一天。

值得慶幸的是，許小姐在煎熬過一段時間後，終於徹底醒悟過來。她放下姿態，重新從基層工作開始做起，慢慢讓自己重回職場。她的收入穩定下來後，她找回了從前的自信，開始走向新生活。

學會寬恕和放下吧，寬恕不是軟弱，而是代表你不再受制於曾經犯錯的人，也珍惜了曾經受傷害的自己。你不必把傷口一次又一次地剖開來看，更不應該把自己永遠關在仇恨和戾氣裡。你不讓自己走出來，陽光就永遠無法照進你心裡。

當你不再以受害者自居，那些過往的痛苦和傷害，才能慢慢分崩離析，你才能逃離過去的陰影，以一個嶄新的姿態去迎接新的生活。

我知道這世上總有一些痛苦抹不平、忘不掉。忘不了也沒關係，即使暫時忘不掉它們，也請你把那些散發著負能量的故事，埋藏在角落裡，給未來的幸福快樂騰出空間。就算這些過往，總要占據你心房的一寸地方，待到它們蒙塵三尺時，你自然會變得無懈可擊。

既然我們能因為無數個理由傷心難過，那麼，我們也一定能找到無數個理由讓自己堅強快樂。我們雖然無法左右命運，但我們卻能改變自己看待命運的心態。記住，你不是生活的受害者。哪怕命運讓我們浮沉於世，至少在潛入深淵之前，我們還能在水裡好好洗個澡。

親愛的朋友，不管你遭遇過什麼，或者正在遭遇著什麼，都請你在心底始終保持一份天真與誠懇，不要埋怨他人，更不必苛責自己，只要盡力而為，便可無愧於心。

願你一生乘風破浪，不捨愛與真誠。

來杯熱可可，甜笑一下

即使是很久以前的事，
仍牢記著別人的惡意，反覆地傷害自己嗎？
只要你肯拒絕當「受害者」，
再銳利的話語也傷不了你，
再汙穢的抹黑也髒不了你。

別讓抱怨毀了你的一生

「好好的日子怎麼又堵車，眼看上班要遲到了，真倒楣！」

「看看別人家的孩子怎麼就那麼優秀呢？我家那孩子就總是不乖乖聽話，只會給我找麻煩，真煩心！」

「剛從這家水果店裡買的橘子，一打聽才發現，居然比隔壁貴了一塊五毛錢，真是虧大了！」

每一年，每一天，我們的耳邊都充斥著各式各樣的抱怨，甚至，很多抱怨的話，我們自己也常在說。畢竟，生活不如意事十常八九，遇到不開心的事，抱怨一兩句無可厚非，適度的吐槽發洩對健康也有益處。可是有一種人，偏偏喜歡把自己一直泡在這些酸腐的負面情緒裡。只要睜開眼睛，他們就開始一刻不停地怨天尤人，彷彿是一個行走的「危險物品」，一碰即炸，點火就著，真讓人唯恐避之不及。

您別覺得我危言聳聽，因為我家隔壁就住著這麼一位「危險物品」。

危險物品的真身，是一個脾氣古怪的老先生，他沒有家人陪伴，也沒有什麼朋友，陪著他的只有一條病懨懨的老狗。他平時深居簡出，我很少跟他打照面，但是我對他卻不算陌生。因為每當夜深人靜時，我總能從不太有隔音效果的牆壁那邊，聽到他暴跳如雷的罵聲和喋喋不休的念叨聲。

我不知道究竟是什麼樣的深仇大恨，才能惹得他不分晝夜、罵得廢寢忘食。於是，我就去詢問街坊裡消息最靈通的王大媽。王大媽跟我說，這位危險物品先生曾經是二十世紀五零年代的大學生。在當時那個年代，他本該成為人人尊敬的天之驕子，可是因為他那副好抱怨的性格，出了大學校門之後，他就在社會上屢屢碰壁，最後只能屈尊回到老家，當了一名小學數學老師。

危險物品先生原本就不是熱愛生活的人，在飽受生活的責難後，他的積怨得不到釋放，性格變得越來越偏激。他對自己的學生要求得很苛刻，動不動就氣得七竅生煙。他總覺得自己是被社會辜負的那個，張口閉口都是抱怨，稍有不順就大感委屈，恨不得在牛角尖裡造一間房子住下來。

生活中許多雞毛蒜皮的小事，都被他越琢磨越大，令他越想越覺得窩心憤恨。

可是危險物品先生畢竟還是老師，他又不能隨便體罰學生，於是只好等到下班回家時，把所有的無名氣，都灌進無辜的妻兒身心裡。

天長日久，他的家裡再也沒有了歡樂，每個人回到家後，心情都變得很沉重。後來，危險物品先生的妻子因病早逝，他的女兒也在成年後，像逃難似的離開了故鄉。退休的他只能一個人守在這裡，陪著一條跟他一樣衰老的土狗，在已經無人傾聽的抱怨聲中慢慢熬過後半生。

想來真是悲哀。危險物品先生雖然滿腹經綸，可惜卻被抱怨毀掉了一生。每個人的一生都不可能一帆風順，若是時運不濟，偶爾發洩一下可以理解，可是習慣性的抱怨，無論如何都不該被習以為常。

不要把一生的時間都浪費在抱怨上。抱怨不會改變你的任何現狀，只會傷心、傷肝、傷身體，讓事情惡性循環。

日本歷史上，真實的一休禪師特別愛捉弄人。

也許是因為自己傳奇的經歷使然，一休禪師的心胸非常豁達。無論得失榮辱，一休禪師都能坦然面對、笑看人生。可是他偏偏收了一個嘴很碎的徒弟，每天遇到一點煩心事，就要翻來覆去地在他耳邊念叨好幾遍。一休禪師忍無可忍，決定好好「修理」一下這個徒弟。

某天，一休禪師讓徒弟去買一罐鹽巴。徒弟嘟嘟囔囔地帶著鹽罐下山，很快就買好了東西，去而復返。

徒弟剛放下鹽罐，就說：「師父啊，你每天就在寺裡舒舒服服地坐著，你都不知道我為了買這一罐鹽花了多少力氣！我先下山，又過河，然後頂著大太陽一路走到集市上。為了買到市場裡物美價廉的鹽巴，我還得擠開市場裡來來往往的行人，不厭其煩地貨比三家，我真是……」

眼看著徒弟抱怨得越來越起勁，一休禪師趕緊打斷徒弟的話，吩咐道：「你去給我倒一杯茶水吧，再抓一把鹽巴放進去。」

徒弟感到很奇怪，可還是照著師父的要求，端來了一杯鹽茶水。這時候，一休禪師說道：「剛才一路上辛苦你了，你把這杯茶喝掉吧！」徒弟一看見這杯渾濁的鹽茶水，就忍不住側目。可是師命難違，他只好捏著鼻子喝下去。喝完之後，一休禪師問他加了鹽巴的茶水味道如何。徒弟坦言：「很鹹很苦，難以下嚥。」

一休禪師狡黠一笑：「這也是我每次聽你抱怨時的感受，很鹹很苦，難以下嚥！」

我們總以為命運只揪住我們一個人折磨摧殘，其實，每個人都有自己的苦難，別人的苦難不會比我們少。這個世界上沒有什麼感同身受，也不會有人真的會為你的負能量買帳。

生活就像一面哈哈鏡，你用什麼樣的表情看它，它就把那副表情誇張了、放大了，再拿它組成你的人生。若你懷著一顆抱怨的心去看待世界，那麼你身邊的每件事都會「糟糕透頂」；若你用積極的心態去生活，那麼即使你身處不堪的廢墟，你也能抬頭去看美麗的星空。

不要把應該輕鬆自在的日子過得苦不堪言，抱怨和責罵都於事無補。與其每天都給自己灌一杯抱怨的「鹽茶水」，你還不如把那些用來抱怨的時間，拿來解決讓你產生抱怨的那些問題，讓自己的人生豁然開朗。

嘿，說的就是你，趕快收起你那呼之欲出的怨氣和委屈吧！既然已經錯過了朝陽，就儘快擦乾眼淚、抬起頭，至少我們還能等來一片璀璨廣闊的星空。

來杯熱可可，甜笑一下

盡責的你，以為人生最需要的是「顯微鏡」嗎？
感覺痛苦時使用「哈哈鏡」，
春風得意時使用「放大鏡」，
才能看見最賞心悅目的人生風景。

懂得為別人鼓掌，你也可以成為一道光

我剛來日本的時候，因為日語說得不太好，面試兼職四處碰壁，花了足足兩個多月時間，才找到一份在超市收銀的工作。

儘管超市裡的負責人，早就教會了我諸如「歡迎光臨」、「收您多少錢，找您多少錢」、「謝謝惠顧，歡迎下次再來」之類的套話，但我還是沒來由地緊張，站著的時候像一根筆直僵硬的木頭，在給商品掃條碼的時候，我的手都在微微顫抖。畢竟這份工作實在來之不易，我生怕自己哪裡做錯了，就會丟了這個好「飯碗」。幸好，早上超市裡沒有多少客人，絕大部分客人又都是住在附近、已經退休的爺爺奶奶，大家生活不忙，自然也不會申斥我的手忙腳亂。如今想來，當初服務過的絕大部分客人，我都已經記不清了，但我始終記得，在我就職的第一天遇到的一位老奶奶。

那一天，她買了一份報紙和一瓶熱咖啡。然後，她似乎仔細看了看我的名牌，那上面寫著我的姓氏。

我盡力讓自己不去回應她的目光，掃完商品的條碼，盡可能流暢地用日語說：「您好，一共兩百四十五日元。請問您想用現金還是刷卡支付？」

她微笑著看了看我，忽然說出一句很蹩腳的中文：「金周嗎？」

她說第一遍的時候，我沒有聽清楚，而且也完全沒有想到她說的是什麼。於是，她又笑眯眯地重複了一遍那句中文：「緊張嗎？」

我趕緊點頭，僵硬的身體頓時放鬆：「緊張！緊張死了！」她也點點頭，笑著把那瓶結了帳的咖啡推給我，說：「沒關係的，不要緊張。這個送給妳，加油！」

現在想來，那位奶奶其實只是說了一句很普通的話，但是在當時，這句話卻給了身處異國的我極大的力量，讓我咬牙挺過了那段最艱難黑暗的時光。後來，我逐漸習慣了在日本的生活，日語也越來越好。每次去超市兼職時，我都盼望著能再見到那位奶奶一面，可是過了很長一段時間，我都沒有再見過她。直到我慢慢放棄了再見的想法，在那一年年末的時候，我才又在收銀時遇見了那位奶奶。

她還是買了一份當天的報紙和一瓶熱咖啡，然後對我微笑，用中文說：「今天的妳比之前好多了，妳慢慢在習慣。」

這一次，我也對她還以微笑，真誠地回答：「謝謝您，真的謝謝您。」

這份收銀的工作，我一直做了很長的時間。其實仔細想想，我還是能回想起當時服務過的很多客人：有一個西裝革履的公司職員，跟我講話時一直使用敬語，結帳之後還會向我鄭重地一鞠躬；有一位溫柔嬌小的家庭主婦，每次來超市都會買滿滿三大籃商品，結帳之後會很溫柔地跟我說「謝謝」；有一位個子高高的老爺爺，每次來超市必買二十條士力架和一大堆零食，每次結帳時，都會熱情地回應我說的那些服務業客套話，還會耐心地要我「不要著急」。

我看過一個脫口秀影片，主持人是一個穿著樸素的小女孩，看起來靦腆又可愛。在脫口秀的前半段，小女孩講得特別精采，引得觀眾們笑聲連連。可是在又一陣滿堂大笑過後，小女孩或許是被這過於火熱的場面嚇到了，竟然忘了詞，僵在了舞臺上。她尷尬地直搔腦袋，一會兒求助似的看看攝影機，一會兒又看看臺下的觀眾，不知該下場還是該繼續。

就在這短短十幾秒的時間裡，台下的一位觀眾忽然喊了一聲：「繼續講吧！好笑！」緊接著，台下忽然響起了潮水般的掌聲。掌聲裡的小女孩終於又笑了，繼續講下去，大獲成功。

我不禁想起，某一年去參加一個論文發表會的時候，我的朋友在上臺發表時也是忽然忘了詞，也是因為台下不知是誰，帶頭掀起了一陣熱烈掌聲，才讓他從滿臉尷尬和自卑中恢復過來，最終完成了發表。

後來，朋友跟我說：「如果當時沒有那陣掌聲，他可能會選擇直接下臺，甚至可能會在臺上哭出來。」

他說：「忘詞的時候，我真的覺得自己肯定完蛋了。可是那一天的掌聲卻告訴我，我還沒有失敗，我還有資格繼續努力下去。多虧了那陣掌聲，我才能重新振作起來、堅持下來。」

再後來，每次參加研討會或者其他什麼活動，我都會帶頭為臺上的人們鼓掌。為別人鼓掌，並不代表你甘心充當綠葉或是向對方認輸，而是在他人需要的時候，讓自己變成光源，帶給別人力量。

那位解放了黑人奴隸的美國總統林肯說：「為他人喝彩是一種美德。」

在人生的舞臺上，每個人都是自己生命裡的主角，每個人也都是其他人生命裡的看客。沒有人不希望自己在遇到「演出事故」時，能夠得到別人善意的鼓勵和幫助。樂於為別人鼓掌，既是一種好習慣，也是一種人品。

然而，現在的人們似乎越來越沒有耐心，越來越浮躁刻薄。在現代社會，我們似乎能看到很多這樣的人：他們看電視劇要開一點五倍速；出門喝奶茶吃火鍋，只要排隊時間長一點就破口大罵；看別人在社群發了美食美照，就嘲諷對方P圖亂秀；跟網友聊天，一言不合就「問候」彼此祖孫三代……你說他們過得很辛苦嗎？或許並不比別人更辛苦，甚至可能比很多人都要輕鬆。但是在他們看來，別人的優秀彷彿就等同承認自己不如別人優秀，只有不分青紅皂白地見人就踩一腳、見井就扔塊石頭，才能讓他們覺得自己過得很幸福、不可悲。說白了，他們對待世界的所有刻薄，歸根到底不過是因為自己自卑而已。

我承認，「幸福感」的確是一個比較級。但我們實在沒必要通過諷刺和貶低別人，來安慰自己過得真好。在他人需要鼓勵的時候，送上一份真摯的掌聲，有時候反而比故意標新立異的「唱反調」，更能展現一個人的豁達、大氣和從容。

在他人需要時，送上一份鼓勵的掌聲吧！在人生路上，我們也可以成為別人的光。

來杯熱可可，甜笑一下

有人只是透過踐踏別人
來掩飾自己的失敗，
你是否能不為其所傷？不改初心？
不管外界是否黑暗，
做一個幸福的自發光體，
不斷溫熱自己，照亮別人。

PART 4

讓別人認同與關注，你自己先要「值得」

優質高效的朋友圈不是主動求來的。
要想讓社交變得更有效，
我們能做的不是費勁去討好別人，
而是把握好前進的航向，
然後努力提升自己。

話是藝術，也是武器

「傳話筒」小姐最近被降職了。

一提起這事，傳話筒小姐就一肚子火。她明明工作業績很突出，在公司裡的人緣也特別好，上到主管經理，下到掃地阿姨，她都能聊，可是為什麼偏偏只有她被降職了呢？傳話筒小姐耐著性子想了好幾天，還是想不通問題到底出在哪裡。氣不過的她，索性直接去找老闆的祕書阿傑問個明白。

傳話筒小姐直截了當地問道：「阿傑，你實話實說！老闆把我降職，是不是因為你說了我什麼壞話？」

阿傑委屈地說：「天地良心呀，我可沒有這種愛好。」

「那你說說，我到底哪裡對不起公司了，老闆憑什麼給我降職呀？」

「你仔細想想，妳平時除了工作，業餘時間在做些什麼？」

傳話筒小姐歪著頭想了想，說：「我跟其他同事一樣呀！業餘時間也就是跟別人聊聊天、喝喝茶而已，難道喝茶聊天也是降職的理由？」

阿傑搖搖頭，歎了口氣。

「前幾個月，市場部的實習生姚蘭，穿了一件國外進口的名牌長裙。妳聽說之後，到處跟人說她的那條裙子那麼貴，肯定是哪個富二代送她的禮物，氣得姚蘭再也沒穿過那條裙子。

上個星期，銷售部的副主管 Lisa 楊在上班時沒有化妝。妳看見之後，逢人就說 Lisa 楊平時那麼愛美，很可能是在跟老公鬧離婚才沒心思化妝，害得她白白受了公司裡不少閒話，知道是妳在訛傳之後，更是氣得差點辭職。

降職之後的這幾天，妳不但不好好反思自己，反而變本加厲，到處跟人抱怨公司有眼不識泰山，早晚得關門大吉；同事們鉤心鬥角，嫉妒妳的才華和能力；老闆的眼光太差，耽誤了妳的大好前途……妳總是喜歡以訛傳訛，說話口無遮攔，這就是妳被降職的理由。」

傳話筒小姐心虛地低下頭，隨即反駁道：「可是我說的那些話沒有惡意呀，我不過就是為了宣洩一下情緒，或者開開玩笑，活躍一下聊天氣氛罷了，難道這也有錯嗎？」

阿傑說：「即便妳有諸多理由，但只要妳身在職場，就必須遵守職場的規則。說話不注意分寸的人，喜歡傳話和造謠的人，就算他的工作能力再突出，也不會有任何一家公司敢重用他。」

大二的時候，我去北京實習，曾經遇到過一位姓趙的前輩。趙前輩在公司工作了十多年，工作經驗非常豐富，對我們這些實習生也特別友好。入職第一天，趙前輩就拍著胸脯跟我們說：「你們叫我趙姐就好，以後工作上有什麼不懂的地方就來找我，趙姐一定幫忙到底！」

我們這群初入職場的傻孩子一聽這話，感激得都快哭出來了，恨不得立刻就跟這位慈眉善目的前輩結成莫逆之交。剛開始的時候，我們都以為趙姐是真心關照，有什麼心裡話都願意跟趙姐說。可是沒過多久，我們當中的一些人就發現不對勁了。

實習生阿冬很愛打扮，天冷的時候也要穿裙子上班。心地善良的趙姐一見她，就在辦公室裡扯開嗓子說：「哎呀，阿冬，妳今天怎麼又穿這麼少呀，就算是想給男人們留個好印象，也得先保護好自己的身體呀！」

在策劃部實習的阿茶，一時粗心做錯了數據，被主管罵了一通。講義氣的趙姐聽說之後，逢人就替她打抱不平：「只是錯了一個資料而已，有必要罵人嗎？我看那個主管就是故意針對阿茶，難怪阿茶總跟我抱怨呢！」

實習生番薯剛跑完外勤回到公司，累得全身酸軟、眼皮打架，迷迷糊糊地竟然忘記跟主管打招呼。心思細膩的趙姐看到之後，立刻像大喇叭廣播似的，逢人就說：「我早就知道番薯對公司的工作安排很有意見，可是年輕人就得歷練呀！你問我怎麼知道的？他要不是心有不滿，看見主管怎麼會不搭話呢？」

看清了趙姐的面目之後，我們才終於明白資歷最深的趙姐，為什麼遲遲得不到晉升，身邊也沒什麼好朋友。拜趙姐所賜，我們這些實習生只用了短短幾個月的時間，就學到了職場中的重要一課——要想在公司長久發展，除了要提高個人能力，還要約束好自己的言行。

職場裡最重要的兩條鐵律就是：不要隨便傳話，不要抱怨他人。

喜歡搬弄是非的人，沒人願意和他交往。像傳話筒小姐這樣的人，即使她性格再好、能力再突出，我也只想和她淺交輒止。因為，當我聽著她津津有味地聊起別人的八卦時，我會想到，她可能也會在背地裡和別人吐槽我。

喜歡傳話的人，沒人願意跟他共事。像趙姐這樣的人，即使她的初衷再好，待人再怎麼無微不至，我也不願意把心事講給她聽。因為我知道，她一定會把從我這裡聽來的事情，添油加醋地告訴給別人，鬧得人盡皆知。

生活中就有那麼一些人，他們把「傳話」當作自己的畢生事業，整天忙著打聽東家長、西家短，討論著與自己毫無關係的事情。他們比娛樂圈的狗仔隊還敬業，比你的父母還關心你的生活隱私。他們今日對你的百般好，其實只是把你當成了來日標榜自己的談資而已。

《小窗幽記》中有這樣一則處事之訓：「喜傳語者，不可與語；好議事者，不可圖事。」身在職場中也好，身在日常生活中也罷，交友識人時，一定要謹慎再謹慎。一顆真心很寶貴，切勿輕寄負心人。那些愛嚼舌根的人，即使你尚未深受其害，也務必記得敬而遠之。

擅用口舌翻天覆地、搬弄是非的「傳話筒小姐們」，其實就隱藏在你我身邊，你若覺得防不勝防，不如謹記三緘尊口。

來杯熱可可，甜笑一下

只是動動嘴皮無傷大雅嗎？
話能救人，也能傷人，甚至可能殺人。
對於既是「藝術」又是「武器」的東西，
瞄準或接收時
都要格外謹慎。

社交要有效，你要先「值得」

在如今這個時代，似乎所有的人都在跟社交媒體上的數字較勁，彷彿誰的好友多、誰的按讚數多、誰的點閱數多，誰就最有資格得到遠大前程。「社交達人」的稱號，一下子成了朋友間最值得炫耀的頭銜。人們都在努力向這樣的人靠攏，當身邊的朋友或愛人遭遇困難時，只要給自己的人脈打個電話，便可輕鬆解決問題，四兩撥千斤。

連影視紅人葛優葛大爺，都說二十一世紀最稀缺的資源是「人才」，那什麼才是評價人才的標準呢？是人脈。於是，為了拓寬自己的人脈，不少人寧願放棄讀書、健身、旅行和陪伴家人的時間，只要得了空閒，就到處跟人喝酒應酬，與朋友聯絡感情。那滾圓的啤酒肚和過早後移的髮際線，就是他們「努力」的證明。

一向特立獨行的「番薯」對此非常反感，他跟我說：「阿檀，其實那些人開拓的人脈，絕大部分都沒什麼用。我才不會像他們那樣廣撒網呢，我只要跟『有用的少部分人』保持友好關係就夠了。」

番薯最拿得出手的人脈有三個人。

第一個是大牛A。大牛A是全校有名的學霸，不僅包攬了大學四年的全校第一，還在學術期刊上獨立發表了好幾篇優質論文，最後拿到了學校保研北外（編註：「保研」是指推薦免試攻讀研究所，「北外」是指北京外國語大學）的名額。大牛A頗為自傲地跟番薯說：「只有具備了淵博的知識，你才有資本跟公司要求更高的福利待遇。要想出人頭地，考研究所才是第一選擇。」

番薯覺得很有道理，於是決定報考研究所。可是他的第二個人脈學長B又發話了。

學長B是歷屆畢業生當中最出名的「面霸」（編註：因為找工作而經常參加面試的人），曾經以出眾的表現當場拿到了一家公司年薪五十萬人民幣的錄取通知。學長B字字懇切地跟番薯說：「死讀書沒有用，你要多去實習和兼職，在親身工作當中積累經驗。」

番薯覺得受益匪淺，於是他又去兼職當了英語家教，準備考研究所和兼職同步進行。

這時，學長C又跳出來跟番薯說：「眼光要放長遠一點，你得多去世界五百強公司投簡歷，只有他們認可了你，你才是真有本事。一旦找到了好工作，你就不用費勁地實習和考研究所了！」

番薯連連點頭。於是在大學四年裡，他一邊忙著實習兼職，一邊忙著學習備考，一邊又徘徊在各大招聘會當中，每天忙得腳不沾地。可是他的精力太過分散，結果自然事倍功半。最終，番薯沒考上研究所，也沒找到心儀的工作，只能聽從父母安排，回到位於四線城市的老家，當了一個普通職員。

在波瀾不驚的平淡生活中，番薯偶爾也會回想起自己的大學時代。他不明白：他明明按照那些優質人脈的建議去做了，為什麼結果還是竹籃打水，一場空呢？

其實番薯不知道，錯不在人脈，而在他自己。

當你缺乏明確的發展方向和目標時，你的社交就是無效的。若你的人生漫無目的，就無法在繁複的社交中，篩選出對自己有用的資訊。相反的，這時的你，從社交當中獲得的資訊越多，你心裡的困惑和焦慮反而會越多。你越是想要少走彎路，就越容易陷入東奔西顧、事倍功半的狀態當中，漸漸迷失自己。

無論到了何時，能夠為你雪中送炭、指明前路的人，少之又少。人脈再豐富，社交再高效，多數的作用，還是只能為你成功的時刻錦上添花。

大二時，一位頗有名氣的作家曾經來大連演講。那時我已經決定開始寫作，於是在講座結束之後，我專程跑到後臺跟作家聊了很久。作家耐心地回答了我的所有問題，還主動留了自己的聯繫方式給我。我當時受寵若驚，彷彿自己已經把一隻腳跨進了文藝圈。可是等我鼓起勇氣，將自己最滿意的作品發給作家點評時，作家卻再也沒有回覆過我。

當時我真的很有挫敗感，感慨世態炎涼的話也說了不少。後來，隨著我認識了更多的人，我逐漸理解了那位作家的選擇。畢竟，「身份和地位平等」的友誼才會穩固，能夠「共同進步」的人際關係才能長久。想要真正結交有價值的人脈，你就必須努力奮鬥，讓自己先成為朋友圈裡的王牌。

當你本身不夠強大時，你的社交也是無用的。你以為自己和對方相談甚歡，彼此交換了聯絡方式，拍拍肩膀說一句：「有事互相照應」，對方就會跟你成為守望相助的知交好友？等你真的遇到了麻煩，你卻永遠找不到這個人。這並非因為人心勢利，只不過是因為「社交」本來就是一種人與人之間「時間成本的等價交換」。當雙方地位不對等時，時間成本更高的人，自然不願意把精力浪費在不值得的人身上。

簡單一句話，想要實現有效的社交，你就要先讓自己變得「值得」。

朋友的功能不是工廠裡的生產線，不可能馬上就給我們帶來可觀的利益。我們也不是預言家，不可能預知參加了哪一個活動，就會遇到哪一位不可多得的貴人，給我們的人生帶來轉變。

優質高效的朋友圈，不是主動求來的。要想讓社交變得更有效，我們能做的是把握好前進的航向，然後努力提升自己。

當你有了堅定的方向時，你就會更妥善地經營自己的社交圈子，也能更敏銳地在人際交往中，獲取對自己有意義的資訊，及時取長補短；而當你有了足夠的能力和上升速度時，你就會進一步吸引那些與你志同道合、步調一致的人，在團隊合作中收穫更多。

所以，別再說社交無用了！也許目前無用的並不是社交，而是你自己。

來杯熱可可，甜笑一下

結識「朋友」是為了交心？
佈線「人脈」是為了生財？
然而，白吃的午餐通常只有一餐，
你能給的回饋是什麼？

珍惜你的整個世界

雖然桌上放著的日曆跟我扯謊冬天還早，可是我偶然間抬頭一看，家門口路兩旁的樹上，葉子都已落得差不多了。我分明還記得兩、三個月前，樹葉們剛由翠綠變成黃綠，還記得暮春五月時的紅花如簇，在一場雨後又變得綠肥紅瘦。可是轉眼間，樹葉們紛紛從枝頭跌落下來，我知道，這一年又要過去了。

我剛滿二十歲的時候，有一天，突然發現自己的腳步越來越快，比之前任何一個年紀的我都要快得多。記憶中的我，應該是一個慢性的人，可是二十歲的我像忽然轉性似的，甚至開始享受把一個又一個行人甩在身後的感覺。

人一走得快了，的確很節省時間，可是也沒了在路上欣賞景色的興致。我像是被鐘錶的指針挾持了似的，像是身後有個人拿著皮鞭催打似的，不斷讓自己走得快一些、再快一些。於是，等我終於想起慢下腳步去看周圍時，發現身邊的好多風景都已變了。

在似乎無休止的繁忙當中，我錯過了多少風景呢？後來，日程不忙的時候，我總會特地避開平坦寬敞的大路，專門去走那些人跡罕至、崎嶇蜿蜒的石子小路。這樣悠閒的石子路，往往遭到勤力忙碌者厭棄，可是我卻喜歡。不為別的，我就是想要讓自己的腳步慢下來，有閒情去看看之前從不曾細細端詳過的高樹、葉子、泥土、落花。

工作和瑣事是永遠處理不完的，時間擠一擠總會有的，可是今天路上的風景，錯過了就不會重來。

生活的主旋律，也許就是忙碌和身不由己。人生路上總是充斥著數不勝數的挑戰，即便僥倖毫髮無傷地闖過了這一關，仍然會有下一關。

凡人總抱怨：日子長又苦，苦日子又太忙。

要想在這一串苦日子裡釀出些甜味來，我們就得學著「忙裡偷閒」。

雨後傍晚，我走在路上，忽然聞到一股刺鼻的油漆味，那股味道隱藏在雨後的泥土氣味裡，混合在沁人心脾的空氣裡，不濃不淡，不深不淺，讓人想避也避不開，想躲也躲不掉。

我不禁皺起眉頭，在胸腔裡憋住一口氣，腳下恨不得生了風的離開。我心裡越想趕緊走過這片區域，但每一次忍不住吸氣時，那股油漆的味道居然越來越濃。我一味回避，費了半天力氣，不僅沒有躲開它，反而把自己平靜的心情搞得凌亂焦躁起來，連出門散步的興致也沒有了。

我終於知道自己鬥不過它，索性就張開雙臂，迎著風向深深地吸了一口氣。

雖然堪堪下嚥，再呼吸時，原本那股令人汗毛倒豎的味道，居然變得溫和了許多，也沒那麼令人難受了。

要想拋棄成見和固執，必須把自己柔軟的肚皮敞開，不帶一點私情地去擁抱這世界；必須經歷一些困苦，這一過程中所遇到的碰撞、對立，就像突然撕開了結痂的傷口似的，讓人痛如切膚。

人們出於自保的本能，總是會不由自主固守自己的安全領地。於是，我們習慣性地在自己臉上寫滿了「生人勿進」四個字，活像隻宣示主權的豹子，提防著他人傷害的同時，卻也困住了自己。

我們之所以如此焦慮，大概就是因為封閉了自己的心吧！為了避免受傷害，我們把自己心中的波濤洶湧，一股腦兒地鎖在方寸之間，一旦有人大著膽子叩開心門，迎接他的鐵定是水漫金山、鋪天捲地。

這世界有家門口的楓樹、柳樹和象棋攤，有社區裡的涼亭、公園裡的滑梯，也有江河湖海、崇山峻嶺、燦爛星辰……

這世界有街轉角的麵線攤，有校門口的糖葫蘆和雞蛋糕，也有壽司生魚片、炸雞啤酒和烤肉串……

這世界很美，你真的不走出去看看？

收到兩張舞台劇門票，於是約朋友去看戲。一場看下來，朋友始終一言不發。直到散場時，她才怯生生地問了一句：「周周，妳是不是有什麼心事呀？」

我被她問得一愣：「沒有啊，怎麼了？」

朋友表現出一副鄰家小孩闖了禍、等著挨父母罵似的樣子，小心翼翼地跟我說：「看舞台劇的時候，感覺妳身邊的氣壓一直好低，我還以為妳有心事，心情不好呢！」

實際上，我只是在專心看戲，什麼煩心事都沒有。

二十世紀的一位日本攝影家秋山莊太郎曾經說：「在外界面前，人們的面部表情，總會不由自主地追隨場合顯露出喜怒哀樂。所以，真正自然美麗的表情，是無法擺拍出來的，只能在偶然間抓拍到。」

人和其他生靈一樣，內心也希望能跳出社會的種種限制、自由地活著。所以，每當站在鏡頭前，或是在別人目光的包圍中時，人們會覺得緊張，為了生活強塞給的劇本而賣弄演技。只有當夜深人靜、燈火闌珊時，或是在專注於某件事情，而暫時忘記「表演」的時候，我們才能重新做回自己。

也許，一個人最原始、最自然的表情，就是略帶陰鬱，甚至是冷若冰霜的吧！這種表情無關悲苦，只不過是在平時觥籌交錯的應酬中笑累了，想要暫且逃離生活既定的角色，在自己的心裡稍加休息而已。

我一個人走在路上，看到街上的人們一個接一個迎面走來，他們面無表情，有的人甚至雙眉緊蹙、滿面愁雲。在藝術家們看來，這些人一定是陷入了人生的某些陣痛當中，但其實，他們心裡可能想的只是晚上要吃什麼。

五月的一天傍晚，我在街上散步時，忽然透過一家咖啡廳的落地窗，看到了一位朋友。彼時的她，正跟女伴坐在金黃色的咖啡廳裡熱絡攀談。在我原本的印象裡，這位朋友非常靦腆寡言，平時總是一副唯唯諾諾的樣子，甚至經常會讓人忽略她的存在。可是就在這一刻，在這間咖啡廳裡，我卻在她臉上看到了一種意氣風發、快意瀟灑的神采，彷彿在她面前坐著聆聽的，不是一個與她年齡相仿的女伴，而是整個世界。

也許，那個一直陪在我們身邊，既能聆聽我們的大吵大鬧、抱怨吐槽，又能包容我們搞怪耍寶無厘頭，讓我們滿足得像是已經征服了世界的人，就是古人所謂的「人生至交」吧！

請你好好珍惜，那個可以讓你在他面前肆無忌憚的人，這一生雖然漫長，卻很難遇上幾個。

來杯熱可可，甜笑一下

把日子過成了縮時攝影嗎？
快速的節奏中我們看不到任何細節。
唯有刻意放慢、停格、迴轉，
才能過濾出珍貴的畫面，
發現原來自己曾被愛過，也正受寵。

會為你著想的，就是朋友

我曾在微博裡收到這樣一封私信。

發私信的人叫圓圓，她說：「阿檀，妳好，我是一名專科生。最近，我一直在煩惱一個關於人際關係的問題，所以想來諮詢妳一下。

事情是這樣的，馬上就要開始進行教師資格證考試的報名了，一直以來，我的夢想都是當一名高中老師，可是目前對於專科生，只允許考高級中學以下的教師資格證，本科生才能考高級中學教師資格證。雖然我也很想考研究所，可是目前我還不具備考研究所的資格，我自己的學業成績也很一般。我很害怕，如果放棄了這次報考初級中學教師資格證的機會，萬一以後連考研究所也失敗了，自己就什麼都沒有了。於是我就想將就一下，先把初級中學教師資格證考下來，以後看情況，再決定考不考研究所。

雖然，我心裡已經有了初步的打算，可是直到報名的前幾天，我還是很猶豫。於是，我就去諮詢了一下我兩個最好的朋友。奇怪的是，她們兩個人給我的意見卻截然相反：朋友甲告訴我要相信自己的能力，趁著年輕多拚一拚，建議我先放棄這次報考，等考上研究所之後再說；而朋友乙則建議我穩妥行事，從長計議，先趁這次機會，把初級中學教師資格證考下來，以後再準備考研究所。

我想來想去，還是覺得乙的建議更有道理一些，於是最終報名了初級中學教師資格證的考試。事情本該就這麼結束了，可是這幾天，我的心裡一直不太舒服。我一直在想甲當初給我的建議，越想就越想不通——甲應該知道以我的學業成績，考研究所很難成功。既然如此，她為什麼還要勸我走一條難走的路呢？

甲和乙是我在大學裡最信任的朋友。乙跟我是從小認識十多年的老友，她是典型的摩羯座性格，踏實認真、對人坦誠，我們都很了解對方、很有默契，就算不說話也總能心意相通，所以，我很信賴她的建議，也很珍惜與她的友誼。可是甲這個朋友，是我上大學時才認識的。仔細想來，她這個人平時就沒什麼人緣，因為她很愛出風頭，唱歌、演講、舞台劇、辯論、田徑賽……學校裡的各種活動，無論大小競賽，她都要衝在最前面，哪怕以她的能力根本沒有勝算。學校裡的很多人都不太喜歡她的招搖，可是她照舊我行我素。

我並非不知道甲的這些毛病，可是當初我覺得，甲只是性格直爽了一些、愛表現了一些，本性還是善良的，所以我才不顧別人對她的非議，跟她做了朋友。可是經過這一件事之後，我開始懷疑甲對我的友情了，再回想她之前做過的很多事情，似乎也都有『別有用心』的嫌疑。

我身邊的人，幾乎都勸我跟甲絕交，我一想到以前跟她在一起的快樂時光，就覺得捨不得。可是阿檀，妳說，真正的朋友，肯定不會建議對方『明知山有虎，偏向虎山行』吧！我到底該不該跟甲絕交呢？」

我看著這封私信，想了很久，才在鍵盤上敲下回覆：

「親愛的圓圓，首先要感謝妳的信任。可惜的是，我沒辦法幫妳做出判斷。不過，我倒是很願意跟妳講一講我對這件事的看法。

根據妳的描述，妳的朋友乙是一個言行謹慎的人，又與妳有很長時間的友誼，應該對妳的一切非常瞭解。因此，她建議妳先考下初級中學教師資格證，應該是出於對現實狀況各方面因素的冷靜考慮，目的是讓妳避免竹籃打水一場空。因此，她的意見不失為明智，她對妳的友誼也是真誠的。

從妳的介紹當中，我推測妳的朋友甲，應該是一個熱情似火、敢想敢為的人。她勸你鼓起勇氣、堅持考研究所，應該是希望妳不要因為遇到困難，就輕易放棄夢想，應該努力為自己爭取一個更好的前程。既然，曾經的妳選擇力排眾議，與甲成為朋友，在迷茫時，也願意把她當作妳最信任的兩個參謀之一，那麼我相信，她身上一定有打動妳的性格特徵，她為妳提出的建議，也一定是值得信賴的。只是，也許因為妳們相識的時間還不長，所以還不太瞭解彼此的內心。

當一個人的理智開始猶豫不決，其實表示他的感情早已在心裡做出了決定。在『堅持夢想』還是『妥協現實』的這個問題上，妳的朋友乙，憑藉著與妳多年的默契，清楚地察覺到了妳內心天平的失衡，所以她選擇為妳心底的聲音說話，支持妳做出的決定。而妳的朋友甲，可能正是因為看穿了妳心裡的畏懼和退縮，才會選擇當一個忠言逆耳的人，鼓勵妳努力考研究所、不要隨便將就。

她們選擇的，其實都是她們認為對妳最有益的道路。因此，單純從這一件事來看，我覺得她們都是妳值得信賴的朋友。

所以啊，親愛的圓圓，我的建議是：如果妳覺得除了這件事，甲還做過很多實際傷害了妳的事情，那麼可以考慮跟她絕交。但是，如果妳還有所顧慮，就請再給妳們的友誼一次機會，先盡可能地排除外界的質疑和偏見，做出最符合自己內心的決定。」

如果人間的煩惱能夠量化統計，那麼人們的大部分煩惱，其實都源於身邊的人，尤其是來自那些「距離我們最近的」親人和朋友。

我經常聽到讀者們發出這樣的疑問：到底什麼才是真正可信任的友誼？到底什麼樣的人，才是真正合格的朋友？

關於「合格的朋友」的定義，古往今來，一直未有定論。

有人說，合格的朋友，就是在你迷茫困惑時，給你指引一條正確道路的人。

也有人說，合格的朋友，就應該百分之百無條件支持你，哪怕你走的是一條彎路。

曾經有一段時間，網路上流傳著一段話：「真正的朋友，就是我即便計畫去殺人，他也能坦然陪在我身邊給我遞刀，兩個人該出手時就出手，風風火火闖九州。」

我無意也無法斷言「真正的朋友」究竟是什麼樣子，但我敢斷定的是，如果真有人做出「你殺人、我遞刀」的事情來證明友誼，那麼等待他的一定不是「紅塵做伴，活得瀟瀟灑灑」，而是至少有期徒刑二十年。

我喜歡把朋友分成兩類，一類叫「雪中送炭」，一類叫「錦上添花」。

「錦上添花」的朋友是需要的。他們並不一定都是酒肉朋友，也並非完全沒有對我們付出過真心，當我們獲得一些成就時，他們往往是第一個守在終點、獻上掌聲和鮮花的人。可是這些人卻不可能與我們共患難。或者換句話說，當我們孤獨無助時，絕不會想到要找他們幫忙；我們那些不可愛、不帥氣的一面，也絕不想被他們看見。

「雪中送炭」的朋友更是必須的。他們也許並不是你最熱情的觀眾，在你風光無限、高朋滿座時，你往往想不起來他們的存在。他們當中的很多人，甚至可能一年到頭，也不會跟你有太多的聯繫。可是無論時間過了多久，你卻依然能無比確定：當你有難處時，只要你給他們打個電話說一句，他們就一定會從四面八方趕到你的身邊，成為你最堅實的依靠。這樣的朋友還有一個通俗的別稱，叫作「知己」。

這世上畢竟聖人少、俗人多。我們絕大部分的人，都無法明智地預判未來的事情。所以，我們也不該對那些與我們最親近的親人朋友要求太多。

為你指引坦途的朋友也好，支持你選擇彎路的朋友也罷，只要他的初衷是為你著想，他的目的是讓你活得更幸福快樂，他就是你可信賴的朋友。

斯福札在《文化的演進》中說，由於基因的作用，平均下來，每個人在一生當中都會結交一千個左右的朋友。不過，這其中絕大部分都只是「錦上添花」的朋友，甚至還有一些狐朋狗友。在諸事順遂時，人們往往不會太在意身邊的朋友是否真誠可靠。只有當一個人需要幫助的時候，他才會恍然發現：自己雖然認識那麼多人，可與言者無二三。真正的朋友，永遠比我們想像的要少得多。

閒來無事時，不如就著濁酒、花生琢磨一下：我的社交圈裡，有幾個「雪中送炭」的朋友呢？

來杯熱可可，甜笑一下

朋友就是朋友，定義為過客也是。
也許各形各色各有其志，
沒有所謂真的假的合不合格。
不要試圖為對方加冕和上銬，
畢竟，你提供的席位只能是自由座。

有事請直說

鄰居家的小姐姐阿瑩比我大三歲，大學畢業後，在一家化妝品公司做市場經理。阿瑩姐長相甜美可愛，性格溫柔獨立，又出得廳堂、下得廚房，簡直就是我眼中新時代女神的最好代表。因為工作忙，阿瑩姐一直沒找男朋友。這可急壞了阿瑩媽，她原本還計畫在六十歲前抱孫子呢！為了嫁女兒，阿瑩媽火速掀起了一場「相親革命」，不由分說地為女兒在各大婚戀網站上投了資料。這場相親革命，直接導致阿瑩姐在之後很長一段時間裡，每逢節假日，不是在相親，就是在去相親的路上，忙得更加焦頭爛額。

看著每天疲於應付工作和媽媽的阿瑩姐，我實在心疼不已，於是向阿瑩媽主動請纓，把我人脈圈裡最年輕有為、德才貌兼備的一個男生介紹給阿瑩。對方名叫思涵，是我的大學學長，現在在國內一家知名的網路公司做軟體工程師。巧的是，在相親場上快要身經百戰的阿瑩姐，居然一眼看中了思涵。我想，這下終於能完成老太太的心願了。可是不知為什麼，自從阿瑩姐和思涵第一次見面之後，兩個人再無聯繫，似乎已經沒有了下文。

我不解箇中原因，阿瑩媽更是急得起了滿嘴泡，自己女兒好不容易才碰到一個看得上的男生，怎麼就這麼沒頭沒尾地結束了呢？於是，我不得不再次背負起阿瑩媽「相親革命陣線」上的沉重囑託，分別向這兩位當事人諮詢內情。

我先去問阿瑩姐。阿瑩姐坦然地回答說：「至少從第一印象來判斷，我對思涵還是滿有好感的。第一次見面時，我也給了他很多可以繼續交往下去的暗示。所以不是我不想喜歡他，而是他沒有看上我。」

我又去問思涵。思涵跟我解釋說：「阿瑩為人很好，我也很喜歡她這種類型的女生。可是我跟她聊天的時候，她卻一直對我提出的問題閃爍其詞，跟我說的話也都模稜兩可，讓人不解其意。所以，我推測她不太喜歡我，也就沒有再自不量力地聯繫她了。」

我一時被他們兩個說的話搞糊塗了：「你們兩個人明明都對彼此一見鍾情，卻偏偏都誤解了對方的意思，你們那天到底是怎麼聊的？」

思涵略微猶豫了一下，回答說：「剛見面時，我先介紹了自己是軟體工程師，公司在哪裡、年薪多少，目前的經濟狀況如何。等我說完之後，阿瑩卻突然跟我說，她特別喜歡用某個牌子的化妝品，隨後又講了一大堆關於國內外化妝品市場之類的東西，聽得我糊里糊塗。

後來，我想換一個別的話題，於是就提到自己平時喜歡寫寫詩，然後問她有什麼愛好。可是阿瑩根本沒有正面回答我，而是和我談了半天挪威的極光和北海道的雪景，哪一個更適合冬天旅行，聽得我一頭霧水。

聊到最後，雖然我已經感覺到她對我不太滿意了，我還是不死心地直接問她對我的印象如何。她卻又不知所謂地跟我說，自己非常喜歡司馬相如的〈鳳求凰〉。阿瑩從頭到尾，都沒有正面回應過我一句，我據此猜想她不太喜歡我，自然就沒有再去找她了。」

末了，思涵總結說：「跟阿瑩聊天就像猜謎一樣，心太累。」我把思涵的話原封不動地轉述給阿瑩姐。阿瑩姐聽了卻不以為然：「思涵當時問我的問題，我其實都做出了回答，是他自己沒聽懂我的弦外之音，怎麼能怪我呢？」

阿瑩姐說：「我當時跟思涵提了一句我喜歡的化妝品，又故意表現出我對化妝品牌在國內外市場的瞭解程度和專業程度，這不就表明了我的職業是化妝品公司的市場經理嗎？後來，我跟思涵講到了北歐和日本的旅遊攻略，這不也側面證明我平時喜歡旅遊，而且收入狀況還不錯嗎？最後，我說到自己喜歡司馬相如，還特地提了西漢〈鳳求凰〉的典故，這不就明擺著告訴他，我已經像卓文君初見司馬相如一樣，對他一見鍾情了嗎？」

聽完阿瑩姐揭曉的「謎底」之後，我一時無言以對，只好勸她下次再和思涵見面時，儘量有話直說。阿瑩姐卻滿不在乎地反駁：「如果什麼事兒都得直截了當地說清楚，那多沒有情趣啊！生活的韻味，不就在於『猶抱琵琶半遮面』嘛！」

我說：「藝術創作的確是要講究『半遮面』，可是過日子跟那不一樣啊！」

阿瑩姐撇撇嘴：「反正，我覺得我沒做錯什麼。歸根到底還是思涵不夠瞭解我。既然要與我相伴一生，不夠瞭解我怎麼行呢？」

於是，思涵和阿瑩姐的緣分最終還是盡了。此後，阿瑩姐依舊在業餘時間裡，奔波在相親的第一線上，滿心期待地等候著那個無須語言交流、只靠腦波就能與她心意相通的 Mr. Right。思涵則很快與另一位相親認識的女生結了婚，兩人至今恩愛如初，幸福得羨煞旁人。

我遇見過不少像阿瑩姐一樣的人。他們心思細膩、憧憬愛情，始終嚮往著能找到一個與他們心心相印的伴侶。他們相信，世界上真的會有另外一個人能夠像傳說中的「真愛魔法」，與他們達到世間最完美的默契——無需用低級的語言交流，只要一個動作、一個眼神，就能理解彼此的喜怒哀樂。

可是，「魔法」畢竟只有少數人能夠親眼得見，「真愛」並不是只有「默契度」這一種評判標準。我承認，也許在這世界的某個角落，真的會有一個與你在各方面都高度契合的「另一個你」。然而，我們在生活中遇到的絕大部分人，最瞭解的還是自己。人與人之間的差異真的很大，無論彼此的關係多麼親密，如果我們不直白地說清楚自己的真實想法，對方真的不會懂。

我身邊有很多人，總是不好意思把自己的真實想法講出來。每次要表述自己的觀點時，都要先來個九彎十八拐。他們最喜歡做的，就是和自己親密的人玩猜心遊戲——如果你真心愛我，你就應該知道我心裡是怎麼想的。想要證明愛我，你就必須一眼看出如何應付我的脾氣。

在他們眼裡，情感變成了一道道測試題，他們自己則是最嚴格的考官。考試只許勝不許敗，一次沒過馬上出局，很少有商量的餘地。

也許是我們把真愛的力量看得太重了。真心愛一個人，的確會讓我們產生想要盡全力瞭解對方的衝動。可是再怎麼手牽手、心連心的兩個人，到底還隔著兩層肚皮和脂肪呢！人類之所以進化出了語言，就是為了解決生活中遇到的種種問題，而不是為了製造更多的問題。僅憑著腦波或者第六感就能瞭解彼此的，那不是人類，而是ET（外星人）。

這世上沒有任何人，有義務瞭解我們跌宕起伏的內心戲。就算是那些真心愛我們的人，我們也無法強迫他們始終保持亙古不變的耐心，隨時隨地都得認真剖析我們每一個言行背後的深意。

愛情真沒有那麼多陷阱和隱祕。別把你的日子過成諜戰大戲，也別把事情搞得那麼複雜。若心有所想，就坦蕩地說出來吧！二十一世紀最珍貴的資源就是「時間」，我們真的沒空再玩什麼猜心遊戲。非要讓別人猜來猜去，結果只會苦了別人、累了自己。

做人、做事時，可以視情況選擇婉轉迂回；可是在感情當中，還是直白一點吧！套用一句春晚節目裡的經典流行語：有事兒您直說！

來杯熱可可，甜笑一下

如果是真愛，就該看得出我的想法？
如果是真愛，就該猜得到我的期待？
這兩道考題
只有通靈大師過得了關，
千萬別拿去測試你的愛人。

今天的痛而不言，終將成為明天的一笑而過

「學習雷鋒好榜樣，忠於革命忠於黨……」

回家後的每天清晨，我都會聽到窗外傳來這樣的歌聲。別緊張，這不是我穿越了，而是我家小鎮上，那個義務指揮交通的大爺又出門了。

這位一大早就吃著早點、唱著歌的大爺姓張。我們這些從小就不太懂事的孩子喜歡叫他「老張」。老張算是小鎮上的名人，不少像我這樣的年輕一輩，都是聽著他的「傳說」長大的。每天早上，老張都會穿上一身綠色的軍裝，揣一個唱紅歌（編註：歌頌中國共產黨及政府當局的歌曲）的答錄機，騎著一輛破舊的腳踏車從家裡出發，他要趕在大人孩子們上班、上學的時間之前，到小鎮上各個容易發生交通擁塞的地方去指揮交通。自從在工廠裡退休後，老張就開始了現在這樣的生活，無論陰晴風雨，從無改變。

小鎮上的退休老人，大都過得很自在：喜歡熱鬧的，沒事的時候就找幾個老朋友湊在一起打打麻將、下下象棋；喜歡安靜的，一個人散步、寫字、侍弄花草貓狗。唯獨老

張不同。他不僅自願當了交通義工，還總穿著那麼一身極有年代感的服裝，看上去給人一種「歲月遺珠」的感覺。

我還在小鎮上學的時候，無論春夏秋冬，都會看見老張帶著「交通協管員」的臂章，騎著他那輛除了鈴鐺不太響，剩下哪兒都作響的老腳踏車到處走街串巷。哪裡有交通混亂，哪裡就會出現他的身影。幸而小鎮不算大，他那輛破舊的腳踏車，也足以馱著他抵達每一個需要他的角落。

每到早晚高峰，我都會在學校門口看到穿著一身綠軍裝的老張，在馬路上認真的指揮交通。剛開始的時候，滿大街的車輛和行人都不願意理他，大家都以為老張只是一個神經錯亂的老人，所以對著他指指點點，甚至是破口大罵。可是老張從來不懼怕人們的眼光和嘲諷。站在學校門前的他，真像一個退伍的老兵似的，手上的紅旗是他的槍，身邊的腳踏車就是他的馬，他永遠堅定不移地守在車水馬龍的道路中央，用自己的身體擋住穿梭不停的車輛，為上學和放學的孩子們讓開一條安全的路。

然而，我們這些孩子當初看見老張時，總像在看一個出洋相的小丑，常常忍不住當著他的面笑罵他。就連我們的父母長輩們也告誡我們：「那個天天出去指揮交通的張老頭，腦子一定有問題，你們不要跟他打交道。」

退休後的老張當交通義工的生涯，算一算也有十幾年了。這十幾年來，老張從來沒有對別人解釋過他這麼做的原因。也許，年輕時就經歷了妻離子散的他，早就學會了跟自己的五臟六腑交流。直到有一天，小鎮的電視臺記者慕名而來，他才面對著攝影機，平靜地說出了自己的心聲。

老張說：「我做這些不是為了出名、出風頭，我只是想在自己的有生之年，為社會做一點力所能及的事情。我的確是年紀大了，但我還沒有老。」

採訪老張的電視節目播出了，老張的事蹟也上了新聞和報紙。慢慢地，原本對老張充滿懷疑甚至是敵意的人們，此刻都認可了他，大家終於不再把老張當作怪物，一些過往車輛的司機在遇到他時，還會特地向他鳴笛致禮。

從當初被人們視作瘋子，到現在獲得了小鎮上所有人的認同，老張始終還是那個老張。再有造訪小鎮的陌生人誤解他，甚至嘲諷他時，他也照舊不會急著去解釋自己，這時候，反而全鎮的人都會替他解釋清楚、為他捍衛尊嚴。

被人誤解很正常，畢竟人心隔肚皮，心不同，想法就不可能永遠一模一樣。遭遇誤解時，若你受傷不嚴重，不妨先一笑而過，只要你相信自己的選擇正確，就只管繼續走下去，時間自會幫你正名。

周小姐是一位資深白領。她畢業於國外知名大學，年紀輕輕就業績不俗、能力出眾，渾身上下都透著一股職場精英的精明幹練。自從回國後跳槽到A公司，周小姐就迅速熟悉了自己工作上的所有相關業務。剛入職一個多月，周小姐就為公司簽下了兩份「久攻不下」的大合同。老闆一高興，乾脆破格提拔她當了副總。甚至有傳聞說，老闆還給了她不少股份。這一下，初來乍到就深得老闆器重的周小姐，立刻成了公司輿論的焦點。

老員工們憤憤不平：「我在公司這麼多年，沒有功勞也有苦勞，憑什麼她一個剛來公司的人，就能撈到這麼多好處？」

新員工們心裡嘀咕：「周小姐一個女流之輩，真的能有這麼強的工作能力嗎？她升職加薪的真正祕訣，到底是什麼呢？」

好事者們直接開始編劇：「你們不知道嗎？別看周小姐平時光鮮亮麗的，背地裡都是靠男人上位的。她那兩份合同，也說不定是靠什麼下三爛的方法簽到的呢！說白了她還是靠臉吃飯的，要不然我們公司人才這麼多，怎麼可能輪到年紀輕輕的她當副總？」

反正八卦不用繳稅，交換一下上司們的流言蜚語，還能增進同事之間的感情。很快，有關周小姐的流言，就在公司上下傳得滿天飛。後來，周小姐自己也發現：不知從什麼時候開始，公司同事們看她的眼神都變得意味深長了。她不知道一直醉心於事業的自己做錯了什麼，後來，不堪忍受身邊尷尬空氣的周小姐，終於輾轉從一個女下屬口中，問出了大家對她改變態度的原因，也問出了那個謠言的內容。

全部「招供」的女下屬小心翼翼地問她：「周總，您真的……沒在跟老闆談戀愛嗎？」

周小姐一聽，更加氣憤了：「當然沒有！」

打發了下屬之後，周小姐坐在辦公室裡陷入沉思。畢業以來，她一直認真工作生活，從未把心思用在別處，也從不會給別人留下話柄。周小姐本以為自己已經做到了無懈可擊，可是誰料想得到，誤解和謠言還是防不勝防。

周小姐覺得自己很委屈。她很想跟公司裡的人們澄清事實，卻不知道這種事情該從何說起。她又想抓到第一個造謠的人跟她當面對質，可是這也不可行。此後的好幾天，有苦難言的周小姐都過得鬱鬱寡歡。她甚至覺得，公司裡每一個人的眼睛都在盯著她，每一個人的交頭接耳都是在談論她。不善處理人際是非的她，很快地陷入了極大的痛苦當中，連日常工作都沒辦法正常進行了。

後來，不堪其擾的周小姐，終於找老闆遞交了辭呈，逃離了公司。周小姐一走，公司裡的輿論著實安息了一陣子。可是誰都知道，過不了多久，這股輿論的風又會找到新的目標，再度捲土而來。

造謠者們在乎的並不是事實的「真相」，他們想要的，只是一個娛樂性質居高的「想像」。所以，生活中的很多誤解，其實不必費力解釋。一是因為清者自清，無須多言；二是因為人心本好閒事，是非對錯反而成了次要。既然被人誤解，就顯示別人還是不夠瞭解你。心有隔閡的人，失去了也不必可惜。

誰的背後，都曾受過謠言和誤解的冷箭。有「人」的地方，就有是是非非，你若問心無愧，就無須刻意理會。所謂成熟，不是學會舌戰群雄的口才；而是學會沉默，學會在這浮躁的世界裡不爭不言、不動聲色地過自己的生活。

真正懂你的人，永遠用不著你費力解釋；而那些不懂你的人，就像是一群故意裝睡的人，哪怕你給他們解釋了千遍萬遍，最後，也只是浪費了自己的時間。

不解釋不是懦弱，而是一種坦然又自信的生活態度。只要你相信自己的每一步都行得端、走得正，那就用「行動」來代替「辯解」吧！到最後，你那無人比肩的實力和成績，必將為你呈上最有力的證言。

遭遇誤解和流言的中傷時，不需爭也不必怨。請你把所有的因果都交給時間，只要信念足夠堅定，今天的痛而不言，終將成為明天的一笑而過。

來杯熱可可，甜笑一下

嚼不爛的舌根，只能以清靜的耳根相應。
好事的人，多做辯解只會讓他們更加嘔血。
一切都會水落石出，
你先去忙別的事，
混戰終究會自己落幕。

今天，你成為加害者了嗎

想起高中時代的一個女同學，名叫阿雙。

阿雙是農村考出來的孩子，樣貌有點土，身材特別胖，得穿最大號的校服。阿雙住校，那個年代的高中宿舍設施還不算太好，沒有浴室、很難打到熱水，住校生想要洗澡，只能去校外的公共澡堂。我的父母當時原本想讓我住校鍛鍊，最後因設施實在太差，我只住了不到半個月便回了家。而阿雙的家在幾十里外的農村，除了住校，她別無選擇。

不知是不是因為高中的課業太忙，阿雙似乎總是一副不修邊幅的樣子。高中時代，女生們的愛美天性初露，即便是一件普通的運動校服也要改褲腳、改腰身，穿出個性才行。對比之下，阿雙的打扮就顯得過於樸素了——四季不變的寬大校服，裡面搭的要不是夏天的大黃色運動衫，就是冬天的花色農村風毛衣。校服前胸時不時沾著食堂辣椒油的紅漬，袖口附近還有一片長期趴在桌子上染上的黃灰色。好在當時的校服褲子是深紫色的，即使髒了，不仔細看也看不出來有什麼污漬。

後來，不知是從哪個人的口中先說出來：「阿雙的身上臭。」

緊接著，全班的人都開始說：「唔，阿雙的身上臭。」

再然後，這句話就像一句魔咒一般，迅速傳遍了整層樓的所有班級。於是，所有認識阿雙的人都開始心照不宣地認為：阿雙身上臭，阿雙不講衛生，阿雙不宜接觸。

於是，越來越多有關於阿雙的「猛料」，陸續出現在我們的口口相傳裡。她的室友說她不愛洗澡，每天甚至連臉都不洗就上課；她的同桌說她身上真的有一股奇怪的味道，一聞到就讓人頭暈噁心；甚至還有自稱她同鄉的人信誓旦旦地說，阿雙其實已經二十多歲了，以前還墮過胎。後來，「諷刺阿雙」成了一種公共活動，從之前的偷偷低語嘲諷，變成明目張膽地笑罵。一些好事的男生女生，甚至會故意走到阿雙面前，或者趁著她走開時，隨手拿起她的東西湊近去聞，再用手指捏起鼻子，大喊一聲：「嘖嘖嘖！真臭！」

有一次，阿雙在上課時，趴在桌子上睡著了。數學老師有點生氣，有意把講課用的隨身喇叭擺在她的桌子上，想要猛猛地叫醒她。喇叭傳出來的聲音非常大，那一節課，我們都等著看阿雙被喇叭聲驚醒之後鬧笑話，可是，直到下課鈴響，她也沒有醒過來。

又過了兩節課，大家發現阿雙還是沒有醒過來的跡象，趕緊去找班主任和醫務老師。班主任終於來了，他捏著自己的鼻子，強行把阿雙扶起來，發現她的身下壓著一封寫好的遺書，旁邊還有整整一板吃空了的感冒藥！

幸好，「溫柔」的感冒藥沒有奪取阿雙的生命，只是讓她昏天黑地地睡了兩天兩夜。從那以後，或許是因為見識了流言對人的危害，或許是因為高考即將來臨，班上終於沒有人再明目張膽地嘲諷阿雙，可是阿雙卻愛上了睡覺。後來，即使到了高考衝刺的時候，阿雙也經常不分晝夜地趴在桌子上睡覺，雷打不醒。而老師們居然也都不約而同地默許了她，直到畢業。

我一直在反思，當初阿雙被全班同學霸凌的時候，任課老師、班主任、同學們，還有我，究竟都扮演了什麼角色？第一個說出「阿雙臭」的人，和那些後續故意造謠阿雙的人，自然都應該受到譴責，可是，那些人云亦云的同學們、捏緊了鼻子的老師們，還有雖然同情阿雙，卻最終什麼都沒有做的我，不也同樣應該反省嗎？

我自己也曾經是校園暴力的受害者。

中學時，我很胖，還留著一頭亂蓬蓬的短髮，再加上還沒有完全發育，我經常會被別人誤認為是男生。我乘坐的校車上有一群好事的男生，每天放學時在校車裡故意開我的玩笑。他們每次都會坐在校車的最後排，等乘車的同學大都下車之後，他們就朝我的頭上和身上扔空礦泉水瓶、扔寫滿髒話的紙條、扔校服，或者故作正式地走到我身邊，問我：「妳究竟是男的還是女的呀？」

每天放學後，從學校到家裡的二十多分鐘車程都是我的噩夢。我只能寄希望於那些壞人當天找到了別的樂子，不要再來騷擾我。每一次被欺負的時候，校車上都有認識我和我父母的司機、有跟我住在同一社區的幾個同學，甚至還有一位學校裡的老師。可是，他們誰都沒有幫助過我，一次也沒有。後來，我終於忍受不了日復一日的提心吊膽，把我被霸凌的事情告訴了父親。我本以為一向嚴厲得近乎無情的父親，這次又會斥責我的懦弱，可是他卻什麼也沒說。從那以後，他開始每天開車接送我上下學，直到我中學畢業。

如今，中學時代已成為遙遠的記憶，如果你問我現在還恨不恨那些施暴者，我還是會說：「我恨，我非常恨！」

在對是非黑白懵懂不分的年少時代，或許並非所有人都當過校園暴力的受害者，但是，每個人卻都有可能成為校園暴力的加害者。無論是因為被群體裹挾，還是因為某種詭祕的心理而有意為之，在面對受害者的求助時，茫然無視，同樣是一種殘忍的加害。

離我們很近的不僅有「校園暴力」，還有從古至今從來不缺的「家庭暴力」。

某演員曾因為對自己兒子的「精神冷暴力」而上了熱搜。在一檔親子節目上，該演員對待兒子的態度，彷彿是軍訓教官對待士兵——兒子疊衣服沒按照他的方法疊，要被他罵；兒子沒有選擇父親喜歡的房樓，要被他諷刺；兒子在高原上走得比父親慢了點，就要被他乾脆俐落地罰跑步，以此來「振作精神」。

早些年，該演員在採訪中提到，自己從小就是被父親打大的，父親打他的時候甚至打斷了一把木椅子。在那次採訪中，他頗為介懷地感歎說：「父親當初打我的方式，放到現在都能上法院告他。可是，等到他自己做父親時，他卻在不知不覺中也成了自己父親那樣的加害者。」雖然他沒有公然毆打過兒子，但是他對兒子的精神暴力，何嘗不是同樣殘忍的傷害呢？

生活中有太多這樣的事情。然而，當我們深究起來時會發現：不少罪大惡極的人在法庭申訴時，都會提到自己在社會上所受的傷害。不少對子女施加暴力的父母們，會強調自己在童年時也曾經歷過不可磨滅的傷害。不少校園暴力、職場暴力、社會暴力的加害者，似乎在過往中，也都有各自難以言表的累累傷痕……但是，曾經受過傷，並不表示在無可推卸的罪惡面前可以保持無辜。曾經身為受害者的悲痛經歷，也並不代表可以帶著「我是受害者，社會虧欠我」的心態，轉而向別人施展報復。

在我個人看來，受害者誠然很可憐，但是那些後來變成加害者的受害者，無論出於何種原因，永遠也難辭其咎。因為，當他們像曾經霸凌自己的惡人一樣，對無辜者施虐的時候，他們也成了同樣的惡人。

在面對他人的暴行時，如果旁觀者原本可以為受害者提供幫助，卻最終出於各種原因什麼也沒做，那麼這樣的行為同樣屬於一種加害。如果連旁觀者都甘心做了看客，那麼受害者還有什麼希望可言呢？

《論語》中說：「吾日三省吾身：為人謀而不忠乎？與朋友交而不信乎？傳不習乎？」

我倒覺得，在現代社會，我們真的很有必要再多省一省，好好問問自己：「我真的天然無公害嗎？」自己真的沒有在有意或無意當中，傷害過別人嗎？最後，套用一句歌詞：每天睡前第一句，先問一問自己，今天，你成為加害者了嗎？

來杯熱可可，甜笑一下

人性本善只說對了一半，
人間的獵巫行動從未冷場。
主謀、共犯、受害、旁觀……
你曾經站在哪些位置？
是否也曾扮演過稀有的守護者？

PART 5

真正的成功，是活成不被生活綁架的自己

我們總是拚盡全力，
想活成大家所共同認可的樣子，
以為那樣才是最有價值、最完美的人生。
但其實，真正的成功，
或許只是活成不被生活綁架的自己。

你若想開，清風自來

吃過晚飯，我正百無聊賴地癱在沙發上玩手機，忽然發現高中時的死黨大春，剛剛發了一則訊息：熱烈慶祝我人生第一次被「梁上客」光顧，家裡被盜財物合計四萬元。

大春發文的語氣，一如既往地詼諧幽默，我這個旁觀者卻看得心驚肉跳。一個電話打過去，忍不住連珠炮似的問起來：「大春，你家裡被偷了？你自己有沒有受傷啊？報警了沒有？小偷抓著了嗎？」

大春耐心聽完我的一大堆問題，然後才慢條斯理地回答：「我前幾天一直在出差，今天晚上才回家。我剛打開家門，就發現家裡被人翻得亂七八糟的，我人是沒事，但小偷早就跑了。」

大春自從畢業以後，平時只靠寫作和畫插畫為生，賺一點錢不容易。就算他不吃不喝，這四萬元也夠他存個一年半載的。

我有些心疼地說：「大春，我們這麼多年的朋友了，你有什麼需要幫忙的，就直接跟我說，別不好意思！」

大春在電話裡哈哈大笑，說：「正好，我現在就有事找妳呢！明天我們幾個朋友一起出去吃飯慶祝一下吧。」

我聽得一愣，以為他被氣糊塗了：「你都被偷了，還有什麼好慶祝的呀？」

「當然要慶祝！」

「為什麼呀？」

大春說：「妳看啊，第一，我雖然損失了不少財物，可是對我來說，最寶貴的書稿和畫稿都安然無恙，小偷偷走的只是我的存款，而不是我的飯碗，這難道不該慶祝嗎？第二，我只是丟了一點錢財，沒有受到身體上的傷害，在壞事面前能及時停損，這難道不該慶祝嗎？第三，我明明只是一個一窮二白的大學生，居然能得到小偷先生的『青睞』，四捨五入一下，我也算是有半隻腳跨進成功人士的圈子裡了，這難道不該慶祝嗎？」

我啞口無言，隱約感覺頭頂有一群烏鴉飛過。

「所以，明天晚上大家一起去吃火鍋吧，我請客！」

「可是……你真的一點都不覺得難過嗎？」

大春在電話裡笑了一下，雲淡風輕地說：「丟了東西，不開心肯定是難免的。但我仔細盤算一下，就覺得其實也沒什麼想不開的。幸好這只不過是糟糕的一天，不是糟糕的一輩子。」

我在一份英文報紙上曾看到過這樣一則報導：

懷特一家住在美國加州的一座偏僻小鎮上，日子過得樸素又平凡。在一個雷雨交加的夜晚，懷特家的房子突然被雷電擊中，燃起了大火。懷特匆忙叫醒睡夢中的家人，全家六口人費了九牛二虎之力才逃出火場，幸好沒人受傷。可是因為火勢太猛，家裡可用的人手又太少，最後，懷特和家人只能眼睜睜看著自家的房子，在火苗肆無忌憚的舔拭中漸漸化為一副殘骨。

我相信，絕大部分的人若是遇上這樣的倒楣事，肯定急火攻心地氣暈過去。可是懷特一家看到救火無望之後，索性就不救火了，而是跟逛景點似的，直接在燒著的房子前面照了一張全家福。

在這張全家福當中，懷特一家人的身後就是沖天的火蛇和燒剩的斷壁殘垣，可他們的臉上沒有一點愁容，反而笑得特別開心。後來，這張照片在中國的網路上紅極一時，懷特一家也被網友們評為「在災難面前最從容的一家人」。

人生的道路，註定是荊棘與坦途並存。人活一世，誰都難免會在某天跟災難不期而遇，哪怕把護身符戴滿全身也跑不了。

也許我們沒有辦法規避災難，但是我們可以改變對災難的看法。勇敢地迎接它，總好過一打照面就繳械投降、哭哭啼啼。

苦難從來不會「空手而來」。等你咬牙闖過了當下的難關，戰勝了苦難，你就會發現：在不知不覺間，自己的能力和生命值都有了巨大的提升，那就是苦難給你的饋贈。

日子一定不會像你幻想的那麼美好，但也不會像你擔憂的那麼糟糕。無論日子是好是壞，早晚都會過去，新的一天一定會到來。

做好自己該做的事，以一顆恬淡閒適的心，漫看人生雲捲雲舒。若是生活烏雲密佈，就小酌兩盞，安之若素；若是生活多雲轉晴，就折花做伴，歲月靜好。

除了人生必經的苦難，生活中還有許多令我們如芒在背、如鯁在喉的時刻。年輕時的我們總喜歡跟自己較勁：有些事明明看開了，卻總是不忍心放下；有些人明明看清了，卻總是捨不得放手。我們近乎執拗地堅持著、幻想著，非要在「牛角尖」裡找到一個答案不可。直到這份固執在心尖上生出了芒刺，我們才第一次在撞碎了的南牆根下學會了心疼。

後來，漸漸長大的我們，開始怨恨起這些「芒刺」，恨不能將它們連根拔起、完全抹殺，重新變回當初完美無瑕的自己。可是每根芒刺的背後都有一個故事，故事的結局無論是一敗塗地，還是相思無題，總歸都是歲月留給我們的一段銘記。

心靈的慈悲就在於生命的豐盈。心中若有芒刺，拔不掉就不要拔了。也許日後還會覺得它們看著礙眼，可是人生不再來，我們總要學著看開一點。

不對胃口的飯菜就不要再吃了，不合尺碼的衣服就不要再穿了，不喜歡的人就不要再強迫自己迎合了。不要把時間一直花在追憶過去的路上，那些已經離我們遠去的，讓我們執著過、遺憾過的人和事，既然無法從頭來過，就別繼續放在心裡了。離開了的，都將是風景；能留下的，才會是人生。

繁華三千、滄海桑田，你若心胸不改，自可從容灑脫、氣定神閒。你若看開，煙雨不怪；你若看開，清風自來。

來杯熱可可，甜笑一下

幸好糟糕事只是一時，不是一輩子。
幸好所有的苦難，都會帶來伴手禮，
附贈的要不是成長，就是成功。
凡事看開一點，
牛角尖外世界無限廣闊。

人生的祕訣在於找到最適合自己的速度

這年頭，似乎做什麼事都要加速。報名課程要優先找「十五天速成班」，下載軟體要推薦你用ＶＩＰ加速器，社區門口的速食店為了招攬客人，都貼出了「五分鐘內保證上菜、半小時內全城送餐」的招牌。

某天吃完晚飯，出門散步的時候，轉頭碰見了同事兼好友「急匆匆」小姐。國慶假期還沒結束，她就一副急匆匆的樣子，一溜煙似的從我身邊走了過去，看她那健步如飛的速度，不知道的人還以為她身後跟著一個追債的呢。

我決定幫一幫那個隱形的「討債人」攔住她，於是開口喊住了急匆匆小姐。急匆匆小姐一個猛回頭，這才看見了我。

我說：「妳去哪啊，這麼著急！」

急匆匆小姐吐字就像機關槍：「不能不著急呀！我告訴妳啊小周，前幾天我有個練健身的朋友，給我介紹了一個加強版的一週減肥法，每天斷食加競走，據說非常有效，一週就能瘦下來至少五公斤。我正在練習呢！」

我羨慕地打量了一下滿身是汗的急匆匆小姐：「那妳瘦了幾公斤呀？」

急匆匆小姐苦苦地說：「不知道啊，反正我都三天沒吃飯了。」

我一聽，激動得眼淚都快下來了，恨不得拉著她趕緊去附近飯店吃一頓好的。這都什麼年代了，我身邊居然還有沒飯吃的人！

我忍不住勸她：「這麼餓著對身體肯定不好。其實妳也不用那麼著急瘦下來，只要平時注意少吃多運動，早晚都能瘦。」

急匆匆小姐白了我一眼：「妳懂什麼！我跟妳講啊，二十一世紀什麼最珍貴？時間！夠快才有效率、有價值，減肥也一樣。」

眼見急匆匆小姐的決心已下，我只好鄭重地拍了拍她的肩膀，然後往她手裡塞了一張外送便當名片：「妳要是餓極了，就給這家打電話。老闆說了，全城任何地方，半小時內保證送達。」

生活在這個高速時代的我們，似乎越來越害怕落後。於是，我們拚了命地尋找捷徑，處處想要捷足先登、快人一步。

可是，仔細想想，生活的樂趣，不就是在解決問題的過程當中嗎？如果真的有一個小天使圍著你，成天為你指路：「喏，正確答案是這個，捷徑就在這裡……」時間長了，只怕我們反而會覺得無聊吧。

假期過去，我再見到急匆匆小姐時，發現她的腳步突然慢了下來，整個人像終於還完了祖傳的欠債似的，輕快了不少。

我問她：「喲，太陽從西邊出來啦？一向自詡為非職業競走運動員的您，怎麼突然不著急了呢？」

急匆匆小姐淡淡地回我一句：「吃包子吃的。」

我一愣，細問才知，她這突然轉性的契機，還真是吃包子帶來的。

急匆匆小姐上班通勤的路上，需要經過一條小吃街。以往上下班的時候，效率第一的她，總是目不斜視地走過街道。可是在假期的那幾天，她偶然走到這裡，才恍然發現：街道兩旁的好多店鋪，都已人去樓空了。

急匆匆小姐這才想起來，這條小吃街過幾天就要被拆掉重建了。她踩在碎而硬的沙石瓦礫上，一邊慢慢地走，一邊感受著冬日獨有的寂寞和寒意。忽然，她在那片等待拆遷的廢墟盡頭，看到了一道顯眼的燈光，老式白熾燈的暖色柔軟地鋪在地上，似在為她指路。她循著光走過去，發現那光源是一間包子鋪。

急匆匆小姐走進店裡，詢問店老闆是否還營業，老闆抬頭看了看牆上的老掛鐘，說：「營業，離關店還有半小時！」

急匆匆小姐坐了下來，點了一籠蟹黃包子，老闆很快端上來，一邊看著她吃，一邊熱呼呼地絮叨：「我家的包子好吃吧？我跟妳說，我這手藝是年輕的時候，跟正宗天津狗不理的傳人學來的，後來我自己還做了一些改良。我敢說，我家做出來的包子，味道絕對不比天津衛的狗不理差！」

急匆匆小姐夾起一個包子一嘗，味道果然又鮮又甜，好吃得不得了。她三兩下就吃完了包子，走到櫃檯前結帳：「您的包子做得這麼好吃，一天下來肯定能賣出去不少吧！小吃街拆遷之後，您準備再到哪兒開店？您的店裡有沒有廣告傳單或名片之類的給我一張，以後上班要訂外送，我就只認你們家了！」

老闆聽完急匆匆小姐的連珠炮，憨笑道：「我們不做外送，我一天最多只包三十籠包子，在店裡就能賣完了。」

「為什麼不多包點兒呢，只在店裡賣賺錢多慢呀，人手不夠可以請嘛！」

老闆笑了：「不是錢的事，我就是不想那麼急著過日子。你知道我們家包子好吃的祕訣是什麼嗎？就是慢！咱們家一天最多只包三十籠包子，數量是少，可是只有這樣，我才能有工夫做好餡、擀好皮，看好每一籠包子的火候。慢功夫做出來的包子，才有那老字號的正宗味！」

講完這個包子的故事，急匆匆小姐跟我說：「以前我總覺得，不管做什麼事情都應該越快越好。現在我才知道，快和慢不是褒貶詞，每件事都有它自己的速度，快有快的瀟灑，慢有慢的好處。」

學習和工作時，的確應該在「保證品質」的前提下追求效率。可是，生活不是一場爭分奪秒的賽跑，而是一次旅行，我們要懂得好好欣賞沿途的每一段風景。在生活中，唯有慢一點才能心靜，唯有慢下來，才能不為外事所擾、不為旁人所遷，專心致志地去過自己喜歡的日子。當生活慢到有了深度時，便會成為一種境界。這種境界，就是「采菊東籬下，悠然見南山」。

在我們尚未被時代的洪流裹挾、我們的生活尚未被安上加速器的那個年代，曾經流行過這麼一句話：「人生最重要的不是結果，而是過程。」

不知從什麼時候開始，這句話漸漸變成了：「人生最重要的是結果，至於過程如何，可以忽略不計。」

於是，我們每個人都迅速蛻變為急匆匆小姐，為了儘快收穫一個漂亮結果，費了心，拚了命，甚至不擇手段地傷害別人跟自己。我們拚命地向前方奔跑，可是我們的內心不確定終點到底在哪裡。我們總是在奮力超越一些人，也總在被一些人超越，我們沉迷於這種你追我趕的競爭當中，流連於虛擬數字的對比當中，獲得了短暫快感的同時，卻也漸漸迷失了最初的自己。

人生的祕訣，不是簡單的求速或者拖延，而是尋找一個最適合自己的速度。只有這樣，我們才不會因疾進而不堪重荷，也不會因遲緩而虛度光陰。

懂得把同樣的時間，打理得更加高效的人，無疑是智慧的。可是享受慢生活，更加需要一種心境。只有擁有一顆不加計算、洗盡鉛華的心，才能淡然坐看人生雲捲雲舒，才能平和地回顧，生活中走過的那些風和日麗與風雨兼程。

所以，還是讓生活慢一點吧，慢一點沒什麼不好。反正一生很長，時間還早。

來杯熱可可，甜笑一下

能者可以多勞，但不能過勞，
會累死人的不是工作，是速度。
對於自己的能耐要有自知之明，
衝得最快的人，
未必就能最快到達終點。

生活唯一的答案，就是沒有答案

他在日本生活了這麼多年，早就沒有剛出國時的興奮了。

過年回國的時候，老家的親戚朋友們，一聽說他在日本東京工作，還是公司的高級白領，立刻就把話題的中心轉移到他的身上。人們那種毫不掩飾的羨慕和讚美之情，每每都讓他自豪不已。可是年節過去，等他坐上回日本的飛機，他的頭腦會重新冷靜下來——只有他自己知道，在距離公司不遠的十幾平方公尺的單身公寓裡，自己過的究竟是什麼樣的生活。

日本人很喜歡加班，工作一忙起來，他就很少有時間去考慮：到底是回老家好，還是繼續留在東京生活。東京的繁華和數不勝數的機遇，固然令人有所流連，可是故鄉的穩定舒適，卻讓他一直難以割捨。他今年三十歲了，可是他覺得有好多問題還是弄不明白，比如自己到底想去哪裡，自己到底想過什麼樣的生活。

他覺得自己的身體裡住著兩個人：一個人守著他的白天，為他鼓起滿腔鴻鵠之志，即便與世界鬥得遍體鱗傷，也能很快爬起來再度摩拳擦掌。可是等到夜深時，那個候在深夜的小人又會跳出來，放大他的寂寞和迷茫。

能夠勇敢追逐夢想的人，真的很了不起。曾經，年輕意滿的他，以為自己終將會成為他們中的一員，只是他努力了這麼多年，卻依舊沒有找到終點。

他在網上跟我聊天：「阿檀，最近我看了很多文章，也聽了很多人的建議。有些人讚美平凡，勸我早些回老家過日子；有些人崇尚競爭，鼓勵我繼續留在東京生活。妳說，我應該怎麼做呢？」

我回覆他：「不必讓別人的三言兩語擾亂你的心聲，追隨你自己的心，只要你過得快樂就好了。」

生活就像一座巨大的迷宮，我們該何去何從，該原地休息，還是繼續向前，從來都不是那麼容易決定的。

別把人生過得那麼嚴肅，它不是一場非對即錯的考試。它沒有排名榜單，更沒有普遍的標準答案。如果非要給它下一個定義，那麼，那個「既不會消磨你的激情，又不會壓榨你的創造力，能夠讓你覺得全身心都輕鬆愉快」的人生之旅，就可以說是最適合你的生活。

大學的時候，阿助最不喜歡交際，可是畢業後，他最終選擇成為一名公關經理，令所有人都大跌眼鏡。

大學時的阿助，一直不知道自己想成為什麼樣的人。於是，畢業後他嘗試了許多不同種類的工作，他做過小說翻譯、進過國營企業、賣過保險、開過店、做過設計，還自費出過一張自己的歌曲專輯……用阿助自己的話來說，三百六十行，他這幾年也幾乎嘗試過將近一半了。他在各種選擇裡兜轉了一圈，最後才選了今天的這份工作。他說，他現在過得很快樂。

我點點頭說：「我相信你現在的快樂是真的。這一點，從你身上的改變就能看得出來。」

我還記得，大學時的阿助每天不願意早起，如果不是有鬧鐘，他甚至能一覺睡到中午才起來。為了趕早上的第一節課，他常常連洗漱、穿衣都來不及，經常蓬頭垢面、趿拉著一雙拖鞋進教室。可是現在的他，卻能為了談好一單生意，凌晨四點就從床上爬起來，然後按部就班地洗漱、吃早餐、穿搭西裝、噴香水，以最得體的狀態，去趕赴早上六點的國際航班。這樣的生活，我以為太過忙碌，可是他卻早已習慣，甚至樂在其中。

阿助說：「其實，現在我依然不太確定，自己到底想成為什麼樣的人。可是，我始終都很清楚自己不想成為什麼樣的人、不想過什麼樣的生活。」

傳給我這條訊息時，阿助剛剛下了飛機。他來不及欣賞大洋彼岸的異國風情，又馬上坐上公司的專車，爭分奪秒地趕赴美國分公司。

我給他回信：「你有沒有想過，你現在的選擇，也可能不是最適合你的生活，也許你還沒有找到你想要的人生，也許你還應該繼續嘗試呢？」

因為工作和時差的關係，那天過了很久，我才收到阿助的回覆，他說：「生活是沒有正確答案的，生活只有錯誤答案。如果有一天，我做完了這世上所有我不想做的事情，我就已經找到自己的理想了。」

也許，這個世界上根本沒有真命題，所有的命題，都只能拿來被證偽。被證明是錯誤的命題就被淘汰掉，如此經歷下去，剩下的就是屬於我們自己的真實。

讀書寫作、看電影、去旅行是一種消遣娛樂，逛街購物、唱歌跳舞也是一種娛樂，沒有誰比誰更高級；豪宅名車、西裝革履是一種生活，修籬種菊、戴月荷鋤也是一種生活，沒有誰比誰更高貴。

我們總是拚盡全力，想活成大家普遍認可的樣子，以為那樣才是最有價值、最完美的人生。但其實，真正的成功，或許只是活成不被生活綁架的自己。

這個世界有千千萬萬的人，便有千千萬萬種活法。有的人胸有宏圖、立志指點江山；有的人只求擁有小小的幸福、夏有西瓜冬有雪，兩者並沒有高低之分，也沒有對錯之別。不要用自己的視角去苛責、否定別人的人生選擇。如果相互理解太難，那就先試著學會尊重、學會緘默。

願你永遠保持內心的平和與安寧，無論人生平凡穩定，還是開出一世繁華。

來杯熱可可，甜笑一下

樹老根多，人老識多，
邊走，邊看，邊問，邊學。
人生何其快樂與自由，
因為一路上都沒有標準答案。

心有書香不寂寞

在這個快節奏的社會裡，周圍很多人都在不停地奔波忙碌，生怕自己的腳步一旦慢下來，就會錯過很多機會。很少有人能靜下心來思考，傾聽自己內心的聲音。焦慮，幾乎成了所有人的常態。

我在生活中遇到的大部分人都心情浮躁，他們寧可玩手機、打電動、搓麻將，在酒桌上、歌廳裡豪言狂語，也不願意花時間獨處。在這個娛樂至死的時代，「清高」漸漸轉變為一個貶義詞，「獨處」也被人視為不合群。正因如此，心靈的獨處才更顯得彌足珍貴。

對我而言，沒有什麼比「與書籍為伴」更適合的獨處方式了。

有一段時間，我的生活不是很順心，工作和生活中的麻煩事接踵而至，一時煩得我手足無措。那時候，我終日心情鬱悶、點火就著，看見什麼都覺得不順眼，彷彿連空氣都在跟我作對。最難熬的是晚上，下班後，一個人面對著空空蕩蕩的公寓，難免會想起自己的孤獨無依，忍不住開始傷春悲秋。

一天，我在圖書館裡無意間翻到了一本厚厚的《西方哲學史》，便把它借回了家。我原本只是想拿它打發晚上的時間，可是沒想到，它卻帶著我從此走進了一個充滿智者和哲思的全新世界。

我就此愛上了與書為伴的時間。那種感覺，就像是一個在沙漠中行走的無助者，突然間找到了水源一樣，不單是激動，更是重獲了新生。

在孤獨的深夜裡，我泡上一壺咖啡，滿懷興奮地翻開書頁，以書為媒，與作者們傾心交流，安靜地聆聽他們的故事、他們的感情，他們的人生、他們的思想，在潛移默化中影響和改變了我，也慢慢撫平了我原本浮躁不安的心性。

度過那段難熬的日子，每當下班回家之後，我都會特地為自己留出一段獨處的時間。在這段時間裡，我不管工作，關掉手機，只留下我與書在這片世界裡。我坐在檯燈下，在橙黃燈光的包圍裡，靜心地體會書的呼吸。置身於書中時，我的心頭溢滿了一種難以描述的溫暖和充盈。此時此刻，白天裡的一切喧囂爭鬥都與我無關，我只屬於我面前的書本，和手中的這支鉛筆。

只有在與書為伴時，獨處才不會空虛寂寞。我完全投入書中的描繪裡，在書中人物的盛情邀請下，與他們同悲喜、共患難。我深陷書中的世界，甚至把自己投影於書中的世界——我是哈姆雷特與雷歐提斯決鬥時的旁觀者，方達生向陳白露求婚時我也在場；我在坦然的蘇格拉底被希臘城邦公民大會判處死刑時，為他傳遞了毒酒；我也在勤勉的孫少安創業成功時，高興地與他徹夜狂歌……

我時常自問：如果這世上沒有書籍，我的生活會變成什麼樣？我無法想像那將是怎樣的場景。大概就像一個人被抽乾了靈魂，即使活著，心也已經死了。

每當夜深人靜時，我都會在書的海洋裡流連忘返、寢食不知……這時候，只有母親的呼喚聲，才能把我從書中拉回現實。

自從在獨處時有了書的陪伴，在外漂泊時，我再也不會因為孤獨而感到手足無措。每當躊躇不安或是心生迷惑時，我就會想辦法請一個假，或是找一段獨處的時間，找一個安靜少人的地方，翻開隨身攜帶的書本，向作者們諮詢建議，從書中的故事裡獲得啟示、汲取力量，修正自己的生活態度。

慢慢地，我越來越喜歡這種能夠刻意享受孤獨的時光。沒有任何人、任何事打擾，在這喧囂的世界中，能享有內心的片刻安寧，靜靜地坐在桌前品味書香，這是多麼溫馨而難得的事！這就是紅塵間的世外桃源。

我真的感謝那些獨處的時光，讓我有時間徜徉在書的海洋，我也真的感謝書中的那些文字，是它們照亮了我的心靈，豐盈了我的精神世界，使我從此變得豁達堅強、樂觀從容。這麼多年，雖然我看過的書有一些已經忘記了，但我知道：那些書的精髓，已經在不知不覺中融入我的血液裡，鐫刻在我的生命裡，體現在我的思想和言行的一點一滴上。讀書也許不會讓人富裕，但它會使一個人在精神上變得充實和富有，讓人成為一個有情趣、會思考的人。即使是平淡的生活，也會過得有滋有味。

胸藏文墨虛若穀，腹有詩書氣自華。有的人，雖然身處熱鬧的人群當中，但他的心裡孤獨冷清，因為身邊沒有真正理解他的人。而有的人即使孤單一人，也依舊不覺得寂寞，因為他的精神世界很豐富，他的內心很安寧。這就是書的力量，它能讓人明白：人的一生，除了去追逐虛華的名利富貴，也可以嚮往樸素安靜。只要踏實做人做事，便可無愧於心。

與好書相伴，相當於與許多睿智的人做朋友，這是人生莫大的幸事。能在獨處的時光裡選擇書的人，他的眼裡一定會有濃郁的詩意，他的心裡一定會藏有浩瀚的星空。

來杯熱可可，甜笑一下

在別人的思想啟發下，建立起自己的思考。
在別人的視野之外，發現自己可以走的路。
再大的圖書館也沒有黃金範本，
頂多只有參考書，
每個人的人生，都是一本獨特的新書。

放輕鬆，其實你沒那麼多觀眾

我的高中同學小白，是一個傳奇人物。

小白是年級實驗班的班長，也是學校裡嶄獲「全校第一」次數最多的「清北」（編註：中國的清華大學與北京大學，皆為名校指標）種子選手之一。小白是許多人夢想超越的目標，他自己也很清楚這一點。為了對得起實驗班班長這個位置，小白要求自己的成績，必須時刻保持在年級前十名以內。在班級工作、社團活動、體育運動、業餘愛好等各方面，他也要求自己必須做到無可挑剔。小白說：「我不能給別人留話柄。」

小白是我的朋友，也是高中時代許多同學爭相結交的對象。為了維護自己溫厚優秀的形象，他總是特別照顧身邊的朋友。與人交往時，他常常把對方的每一點情緒波動都看在眼裡，細心記錄著每一個人的喜好和習慣。只要有人向他求助，小白就會熱心施予援手。即使有時候自己會稍稍吃虧，他也毫不在意。小白說：「我不能讓別人說我自私自利。」

小白是他家裡人的驕傲，也是許多親友們暗中比較的標杆。為了保持自己卓爾不群的成績，他總是拚了命地唸書。他的努力，也幫助他打破了學校裡的很多紀錄——蟬聯一等獎學金得主、連續兩年被評為全市三好學生（編註：用來評價德智體三方面均為優秀學生的榮譽頭銜）、斬獲全部科目的單科榜首……小白說：「我不能讓親戚們看笑話。」

高中三年，德智體群美五項技能全部滿點的小白，一直是被周圍人眾所稱讚的「別人家的模範孩子」。高考時，小白也再度延續了傳奇，以全市第二名的好成績，考入北京大學光華管理學院。對於小白取得的成績，我們毫不意外。我們一直認為，早早就「會當凌絕頂，一覽眾山小」的他，肯定過得很輕鬆、很快樂。可是在畢業聚會的時候，微醺的小白意味深長地跟我說：「阿檀，妳知道嗎？其實我一點都不喜歡現在的生活。我的每一天都過得很辛苦，可是我沒辦法休息，我必須繼續努力下去。因為周圍還有那麼多人看著我，把我當成榜樣呢！我不能讓他們失望啊！」

我還記得，自己看著小白那張清秀的臉上，浮現出一抹不符合年齡的滄桑一笑，心裡百感交集。當時，我似乎很想對他說些什麼，可是最終我還是選擇了緘默。

畢業之後，我就再也沒有了小白的消息。可是在很長一段時間裡，我在夜深人靜時總會想起他——高中時代的小白，是不是也欣賞過這樣黑暗的深夜呢？那時候的他，有沒有在凌晨前休息過呢？他有睡過一場不計攀比的好覺嗎？

我不知道答案。

有時候，我也會思考：小白放棄了青春韶華的自由和快樂，選擇繃緊神經、把自己束縛在別人的眼裡，到底是為了什麼呢？

我同樣無法猜測出他心裡的那個答案。

多年後，我偶爾和一些還有聯繫的高中同學提起小白，他們幾乎都已經不記得身邊曾經出現過這樣一個優秀得百無挑剔的人。他們更加不記得，年少的自己，曾經對那個人發自肺腑地頂禮膜拜過。

人們常常把那些屢戰屢勝的成功者們稱為「命運的寵兒」——他們瀟灑光鮮地頂著光環、披著華服，理所當然地享受著世人的羨慕、讚美和掌聲。可是在沒人看到的另一面，他們卻早已被名譽綁在了懸崖邊上。

追逐名聲的道路像一座獨木橋，一旦開始行走，就漸漸失去了跌倒的自由。

我的母親是一個溫柔卻陰鬱的人，她的性格，和她童年的經歷有很大的關係。母親說，她的家庭本該是為人們所羨慕的模範家庭——父母都是大學畢業、工作體面、經濟富足、吃穿不愁。而小時候的她，也在父母的教導下成了一個品學兼優、懂事有禮的孩子。可是，她的父母仍然不滿足，他們要求她每次考試必須考第一名，不許有一次失誤，否則就要受到嚴苛的懲罰。一旦她的成績稍有退步，氣急了的父母甚至會把她鎖到書房裡，要求她對著書架長跪不起，連飯也不許吃。

母親半開玩笑地對我說，她的父母每次都會像說數來寶一樣教訓她，一說起來就一套一套的：「妳看別人家的孩子多優秀，妳怎麼就那麼笨？別人家的孩子都做得到的事情，妳怎麼就做不到呢？妳可真是丟人現眼啊，爸媽的臉都讓妳丟盡了，妳讓我們怎麼去面對左鄰右舍？妳真是家門的恥辱！」

因為父母無休止的比較，母親的童年和少年生活充滿了黑暗。她的生活裡沒有失敗，可是也沒有歡笑，她不得不逼著自己活在別人的眼裡，拚盡全力，換取別人一句或真或假的讚許。否則，等待她的，就是期望落空的父母潮水般的挖苦。母親因此變得越來越膽小，因為恐懼失敗，每到考試時，她都會緊張到雙手顫抖。她雖然強撐著精神，熬過了寒窗苦讀的十幾年，可是最終，她還是在高考時因為緊張過度而失常，與心儀的大學失之交臂。

母親說：「當時我覺得很委屈。我明明已經盡全力了，可是我的父母還是視而不見。他們在意的永遠只是別人怎麼看我，而不是我自己怎麼想。」

太在意別人眼光的人，往往就會無意識地忽視自己的感受。太強求自己為別人的讚美和關注而活，就會逐漸迷失了自己。

許多人都以為「比較和競爭」能夠激勵自己進步，可是被人比較、關注得太多了，何嘗不是一種無形的壓力呢？每時每刻都背負著身邊人或翹首期待、或暗懷惡意的重擔去追趕，你的旅途又能走得了多遠？

身邊不乏有這樣的抱怨：「做人太累。」「生活太辛苦。」「日子越過越覺得沒有意思。」……

每每聽到這樣的聲音，我就會想起莊子在《逍遙遊》中，提到的那個快樂沉靜的帥哥宋榮子：「且舉世譽之而不加勸，舉世非之而不加沮。」莊子說：「宋榮子這個人啊，即使全世界的人都稱讚他，他也並不因此而變得更加勤勉；即使身邊所有的人都責難他，他也不會因此而變得心情沮喪。」

每次讀《逍遙遊》時，我彷彿都能從紙面上看見一位逍遙的智者，平靜而驕傲地跟一代又一代的世人說：「我的喜悲我自己做主，你們愛說什麼就說什麼。」

除了喜歡抱怨生活的人，我們也許曾遇到過這樣一些人：他們總是樂觀向上而又不乏冷靜自省，他們總能在生活的風雨兼程中，保持平和的內心。這並不是因為他們的人生不曾遇到難處，而是因為他們能夠分清「自我」與「外物」的界限，在心中自留一片淨土，便可在順境中保持淡然，在逆境中亦不改泰然。

從來智者不悲喜，閱盡紅塵守清閒。這就是人生的最高境界。

放輕鬆，其實你並沒有那麼多觀眾。除了那些愛你的人，你的好好壞壞真的沒人會在意。相比別人家裡的雞毛蒜皮，人們更關注的還是自己的是非高低。

放輕鬆，其實你並沒有那麼多觀眾。你不必每天繃緊神經、拚命維持自己心目中的大好形象。因為真心愛你的人，不會因為你有缺點就離開你；本來就討厭你的人，不會因為你極力打造的光鮮形象就停止挑剔。

放輕鬆，其實你並沒有那麼多觀眾。不要讓別人的口水成了你的絆腳石。與其為了別人眼裡的自己而戴上面具、照別人要的劇本演出，你還不如省下表演的力氣，多做點自己喜歡做的事情。

對自己好一些，覺得餓了就大口吃飯，覺得睏了就好好睡覺，覺得累了就徹底放鬆一下，窩在沙發裡抱著零食看電視，躲在暖和的被窩裡，開著壁燈看本小說。成年人的世界裡，沒有「容易」二字，在奮鬥途中，我們應該學會心疼自己。

來杯熱可可，甜笑一下

有沒有掌聲，依然都是自己的人生。
把在意別人的那種敏感度，
用來多了解自己，
更好。
把為了討好別人而演戲的力氣，
多做些自己喜歡的事，
更值。

你違心合群的樣子，並不漂亮

小南高考發揮失常，很失落，本來一心想著重讀一年再考，無奈家裡的狀況不允許，只好接受命運安排，去了一所極其普通的大學。

初到大學，小南暗下決心：這幾年時間一定不能虛度，一定要好好學習，爭取考上自己心儀的研究所。

最初，為了順利融入群體，與寢室同學建立良好關係，每當課餘時間，小南都陪大家一起玩一款最流行的遊戲。小南想著先陪他們玩一段時間，再抽身退出。可是隨著時間的推移，室友們越玩越身陷其中，有時玩到興頭，午餐都忘了吃。小南意識到不能再這樣下去了，寶貴的時間不能每天這樣荒廢掉，是時候該退出了。於是小南找各種藉口不去參與玩遊戲，慢慢地室友對他的做法感到不爽，關係越來越疏遠了。

有一次小南剛結束自習，從圖書館抱著一疊書走出來，恰好被一個室友看見，室友很驚訝，酸溜溜地說：「哎喲，真看不出來，我們寢室住著一個大學霸呢。」後來他竟然把這當成笑話，講給寢室其他人聽。從此，室友們對小南的態度更加冷淡了，玩遊戲時再也不找他，理由很簡單：人家是大學霸、大學神，忙著呢，跟我們不一樣……於是小南每天一個人去上課，一個人去吃飯，一個人去圖書館，徹底被室友們孤立了。小南對此感到很委屈：難道我做錯了什麼嗎？

有一天，小南遇到一位大四的學長，他把心中的困惑與學長談起。學長說：當初我與你一樣，為了建立關係，和室友一起沒日沒夜地打電動，一起玩樂，因為害怕被孤立。轉眼到了大三，我開始反思自己，覺得該考慮將來的路了。可是為了合群，使自己不被孤立，仍然一如既往地嬉戲玩樂，直到現在到了大四，想做什麼都來不及了。一晃四年的美好時光，就這麼荒廢掉了，到如今一事無成。所以你不要走我的老路，為了迎合別人而委屈自己，為了陪伴別人而犧牲自己，沒時間做自己喜歡的事、應該做的事。不要在意那些異樣的目光、冷嘲熱諷的言語，每個人都有選擇自己生活的權利，每個人都有適合自己的人生道路。如果你有理想、有目標，那就抓緊一切時間努力學習，提升自己才是正確的選擇。」

聽了學長一番語重心長的話，小南終於明白：不要太在意別人的看法，不必為了迎合別人做自己不喜歡的事，合群沒有錯，但要去合自己該去合的群、屬於自己的群。合群，是去選擇一雙適合自己的鞋子，而不是削足適履，一味去迎合不同調的群體，而放棄自己想做的事情。

於是，小南再也不會為了室友的冷淡而糾結、煩惱，他專心致志地準備考研究所的複習課程。最後，小南終於以優異的成績考上了自己心儀學校的研究所。

現在有很多年輕人死於「合群」。讓你優秀的是「獨立」，而不是無原則的合群。無原則的合群，會讓一個人陷入平庸的輪回裡：委曲求全，迎合討好他人，逼迫自己做不喜歡的事，最終失去自我，一事無成。

阿娟來自偏遠的山村，十幾歲從家鄉出來進城打工。白天她在工廠的生產線上辛苦工作，不能有一絲馬虎，連去廁所都要小跑步，而且時常為了趕工而加班，深夜下班是常事。每天夜晚回到租住的宿舍裡，渾身酸疼，像散了架一樣。然而即使這樣，阿娟也沒有像其他同事那樣，早早進入夢鄉。她在忙完所有的雜事後，會在自己的床鋪上寫日記，記錄自己一天的工作和生活。點點滴滴，日積月累，她寫下很多文字。

阿娟從小就喜愛文學，雖然未讀過幾年書，生活條件也很艱苦，但她難以割捨心底對於文學的那份熱愛，所以只要有空餘時間，她就會見縫插針地寫上幾筆。她投過無數次稿，迎來的是無數次石沉大海，可是倔強的阿娟從來沒有就此放棄。她在無數次的退稿中一次次地學習、一遍遍地改進，樂此不疲。

同事們節假日都會出去玩樂消遣，只有阿娟獨自一人在昏暗的宿舍裡埋頭寫作，近乎瘋狂，近乎癡迷。進城好幾年，她從未出去看過一場電影、去過一次公園，她打工賺的錢除了日常基本開銷，大部分都寄回家供弟弟妹妹讀書，剩下的全部用來買書、買寫作用品，自己好幾年都沒添過一件新衣服，站在人面前，活脫脫像一個「出土文物」。

同事們自然不理解她：一個從山溝裡出來的醜小鴨，怎麼可能搖身一變成為一隻金鳳凰？這不是做白日夢是什麼？還不如現實一些。同事們交流的都是誰又買了什麼化妝品，誰又換了一個什麼牌的包包；不然就是討論如何打扮自己，不惜一切代價嫁個好老公，從此徹底離開農村那個破舊的小土屋……

只有阿娟一個人，在一條看不到光亮的路上悶頭努力著。同事們把她視作另類，認為她異想天開、不切實際、自討苦吃。對此阿娟從不辯解，依舊默默堅持著，在一個又一個漆黑的夜晚，她用手電筒打著光，在被窩裡不知疲倦地寫著她的理想、她的夢。

功夫不負有心人，阿娟的文章終於在某雜誌上發表了，她很興奮，請同事們一起吃糖慶祝。同事們再也不輕視笑話阿娟了，從前那種鄙夷不屑的目光，都變成了尊重。

但是阿娟知道：自己的文學之路才剛剛起步，未來還有很長的路，需要一個人繼續走下去。她依然在工作之餘勤奮寫作，發表的作品越來越多。

同事們從當初的不理解，變成了由衷的欽佩。後來工廠的宣傳部招募員工，阿娟以自己的實力應徵成功，離開了生產線的工作，徹底完成了從醜小鴨到白天鵝的蛻變。

你一味地遷就別人，這不是合群，而是被平庸、同化。真正的合群，是內心明確自己的目標，知道自己想要做什麼，並為之默默努力，直到最終實現理想，融入屬於自己的群體。否則，寧願獨處也不要違心。和志向不同的人待在一起，會讓自己身心疲憊。圈子不同，不必強融。

人生最美好的事，就是和一群志同道合的人在一起，傾盡自己的全力，共同做成一件事情。這種合群，才是最有意義的合群。願你堅持努力下去，找到一個適合自己的群體，把未來的人生，過成自己想要的樣子。

來杯熱可可，甜笑一下

你的出生，不是為了取悅別人而來，
你的人生，沒規定一定要有人作伴，
再好心，也不用討人開心，
再客氣，也不必受人鳥氣。
志同道合的夥伴，隨緣，
一個人瀟瀟灑灑，隨時。

守住自己的底線，才能換來尊重

我的大學同學小米來自偏僻的農村，從小到大，從未見識過外面的花花世界。幸運的是，貧苦的生活沒有擊垮這個好學的孩子，反而激發了她對知識的渴望。於是，無論冬夏寒暑，小米都廢寢忘食地讀書學習，終於以優異的成績考上了我們這所大學。作為村子裡有史以來走出去的第一個大學生，小米成了全村人的驕傲和希望。

新生報到那天，各家父母送孩子報到的私家車陣，浩浩蕩蕩地占滿了校園。小米一個人背著、拖著沉重的行李，以及從老家帶來的地瓜乾和醃菜，獨自走在人來人往的林蔭路上。大學四年裡，說句實話，小米心裡是有自卑感的，因為同寢室的人個個都比她家境好。週末和節假日時，她們可以一起去校園外的餐館吃一頓大餐，可是小米一次都不敢去，因為室友們每次出去聚餐花的錢，至少是她半個月的伙食費！

為了不讓自己顯得不合群，想和室友保持良好的關係，小米主動承包了寢室裡幾乎所有的打掃工作，還主動幫助室友拿快遞、帶便當，風雨無阻。而室友們也坦然接受了她的付出，毫不見外地使喚小米。有時候，明明小米自己的時間也很趕，她還要一路小跑去圖書館幫室友還書；有時候，明明小米自己的作業也沒有寫完，卻還要先幫室友趕論文和簡報……終於有一天，小米因為實在忙不過來，就鼓起勇氣婉言拒絕了一個室友的請求。沒想到，她的拒絕，換來的竟然是室友們的集體責問：「妳怎麼會那麼忙，這點小事都辦不了？開什麼玩笑！」

後來，室友們聯合起來孤立小米。經過此事，小米終於懂得：不能靠一味地委屈自己來討好別人。於是，她放棄了融入室友當中的想法，開始專心一意地鑽研功課，終於順利申請到了國家獎學金補助的留學專案，在大二時就遠赴日本留學，畢業後留在東京工作。

希望別人喜歡自己，不能靠「討好」來獲取。否則，別人終究喜歡的不是那個你，而是你不惜一切給他們帶來的「便利服務」。

人與人之間是平等的，不要犧牲自己的利益和時間去討好別人。順手的忙可以幫，但沒有必要刻意勉強自己把事情攬在身上。不懂拒絕，即使把自己累死，也不會得到別人真正的理解和尊重。

當好人可以，別當濫好人。想要別人尊重你的感受，就不要所有事都遷就別人的感受。只有守得住自己的底線，才能迎來別人的尊重。

小可是我的一個讀者，她曾在微博私信裡跟我分享了她的故事。

小可與丈夫是大學同學，郎才女貌，興趣相投，是校園裡人人羨慕的一對。儘管雙方家庭差距懸殊，但是兩人最終還是衝破了種種阻力，畢業後不久就結了婚，開始了兩人憧憬已久的婚後生活。

因為小可來自十八線小城（編註：收入水平相對偏低的鄉鎮地區）的普通家庭，於是，婆婆一家始終擺出一副高高在上的樣子，對她橫眉冷對，似乎「讓她嫁進門來」已經是莫大的恩惠。

初入夫家，小可為自己打氣：只要自己真心誠意對婆婆好，對丈夫和這個家好，總有一天會讓婆婆發現自己的優點，會使婆婆感動。可惜，這一切不過都是她天真的想法罷了。畢竟，生活永遠不會按照你的思路往前走。

婚後，小可沒有去找工作，而是甘心當了一名全職主婦。每天早晨五點，她就起床為全家人做早餐，等丈夫出門之後，她就開始一刻不停地操持家務，一直忙到丈夫下班回來才能稍事休息。後來，小可生了兩個孩子，每天除了操持家務，還要照顧嬰兒，忙得更是不可開交，常常要到凌晨才能睡覺。可是無論她怎麼努力付出，始終都換不來婆婆的一絲好臉色。在婆婆眼裡，小可儼然就是一個免費的傭人。每次小可與婆婆起了爭執，丈夫始終不願意幫小可多說幾句話。

後來，小可終於想通了：愛情不是單方面的付出，真正愛你的人，絕對不會捨得讓你既「勞苦」又「心苦」。認清真相後，小可沒有猶豫，義無反顧地帶著孩子離了婚。

好的友情也好，好的愛情也罷，都應該是相互扶持、相得益彰的關係。這世界上任何一段值得珍惜的感情，都不需要你通過委曲求全來換得。

生活雖苦，但也不是專門用來妥協的。那些善良愛你的人，從來不需要你為他們妥協；而對於那些只知索取的自私鬼來說，你退縮得越多，他們留給你喘息的空間就會越有限。你活得越卑微，你所嚮往的自由和幸福就會離你越遠。

所以，我親愛的朋友，你不是一條蟲子，不要總是把自己的頭埋得太低，也不要一而再、再而三地容忍別人踐踏你的底線、侮辱你的尊嚴。該反抗時就反抗，該抬頭時就抬頭，這樣才能坦然做人。要想讓世界回饋你幸福，你總得先抬頭挺胸，讓世界看見你的存在、發現你的價值。

請記住，不要再拿大好青春去討好別人，要善待你自己。

來杯熱可可，甜笑一下

挑釁我可以，但請注意次數，
麻煩我可以，但請注意態度。
「底線」是一把尺，也是一把劍，
所以請注意別人的腳，
也小心自己的腳。

比較是深不見底的陷阱

人類似乎從出生的那一刻起，就開始了「比較」之路：這個孩子很胖啊，那個孩子又黑又醜，這個孩子長著水汪汪的大眼睛……然後是課業成績的比較，出身、學校的比較，工作頭銜和薪資、房子、車子的比較……為人父母後也要比，從孩子的幼稚園到大學的成績和所上的學校，再到孩子將來的工作職位和薪資、買的房子和車子品牌……我們的人生似乎無時無刻都充斥著各種比較。當然，有些比較能促成進步，但大多數的比較其實毫無意義。

成年人的世界最喜歡「比較」。比誰家的房子豪華，誰開的車子好，誰的工作收入多，誰的孩子成績優秀……衣食住行，孩子房子車子狗子，無所不比，「氣人有、笑人無」成了人間常態。殊不知，我們常常掛在嘴邊的羨慕嫉妒恨，正在慢慢扼殺我們的自在生活。適度的比較，可能會激發一個人的潛能；但是永無止境的比較，會把人拖入無底的深淵。

我見過這樣一個家庭。這一家人在外人看來幸福美滿，父母都是受過高等教育的學校教師，知書達理、兢兢業業；這家人的孩子，在父母的言傳身教下也乖巧懂事，成績總是名列前茅。然而，這個看似平靜祥和的家庭，背後隱藏著不為人知的辛酸，因為這家的父母有一個致命的缺點：愛比較。

不可否認，這家的父母在工作中的確勤勤懇懇、任勞任怨，多次登上學校優秀教師的榮譽榜，令無數人羨慕。於是，回到家裡，他們也要求自己的孩子同樣優秀，要門門功課一百分、科科考試第一名，否則他們就認為孩子讓他們丟臉，這時候等待孩子的就是一頓打罵。

朋友們的孩子去他家玩，他們不顧孩子們玩得高不高興，而是不停地問別人家的孩子有什麼技能。如果別人家的孩子說出了他們自己的孩子不會的技能，等到客人們走後，他們又會對孩子一頓數落：「別人都那麼聰明，怎麼你就這麼笨？我們怎麼會生出你這個蠢貨？」從此，孩子再也不敢找朋友來玩，因為他害怕自己的父母又拿自己跟別人比。

每天晚上，這家人從不會聚在一起溫馨地吃晚飯，而是會把晚飯時間當成批鬥和反省大會。父母你一言我一語，像說相聲一樣，使出渾身解數數落孩子。他們認為，只有這種「打擊教育」，才能激勵鞭策孩子努力上進、勇爭第一，可惜，孩子沒能懂得他們的良苦用心。在父母日復一日、堅持不懈的摧毀式打擊下，孩子終於成為他們口中咒罵的無能敗類，開始麻木不仁地混日子，只草草讀完中學便輟學回家了。

一家兩位優秀教師，最後卻教出一個輟學的孩子。這種令人嘲笑的「家門不幸」，徹底從身心兩方面擊垮了這一對愛面子、愛比較的父母。幾年後，兩個人雙雙檢查出罹患重病，住進了醫院，沒過多久便先後撒手人寰。他們的孩子在其他親戚的幫助下，找到一份酒店前臺的工作，雖然沒能考上大學，倒也能自食其力。

這家人本來可以像其他人那樣享受天倫之樂，可是他們卻把畢生的精力，都用在與周圍人的暗中較勁上。這種不服輸的勁頭，或許能讓他們一時得到別人的羨慕，但是這種羨慕絕對不會長久。

人生沒有常勝將軍，任何榜單上都沒有永遠的第一名。

作家林清玄曾說，一個人從小學到研究生畢業，一直考一百分、得第一名，是很危險的事情。因為人生漫長，他的工作不可能總是一百分，婚姻也不可能是一百分，他很可能無法面對這些挫折。人生中最重要的不是要考一百分、得第一名，而是要在不完美的時刻能知所應變！很可惜，林清玄這番話所講述的道理，有些人至死都弄不明白。

你一直活得兢兢業業、勤勤懇懇，人生幾十年裡從來沒有為自己活過一天，所做的一切彷彿都是在演給別人看；你如饑似渴地乞求著別人的羨慕和叫好，把自己的所有價值，都寄託在別人的嘴裡。請問，你的人生該有多悲哀？你的內心該有多麼不自信？

隨著科學技術的不斷發展，人離開地球都有可能照樣活下去，你又何必靠著別人的認可來生存，把原本應該自在舒服的生活過得一塌糊塗？

幸福感有時候的確是一種比較級，但如果你的內心夠堅定，你又何必活在別人的眼裡？選擇活在別人眼裡的人，即使能得到短暫的幸福和快感，最終會失去自我，把自己的一生自在全都賠進去。

沒人強行逼迫你，所以，你也無須強行把自己活成別人羨慕的樣子。覺得累了就放鬆一下，覺得倦了就換個方向。每個人都有各自適合的生活軌跡，有各自喜歡和適應的生活方式。當你有一天發現了自己的價值，你就無須靠別人的評價去賦予自己價值；當你充分肯定了自己，你的人生就不再需要外人的附加和附和，無論世間如何待你評你，你都會活得悠然自得、自在而知足。

所謂生活之累，大多是因為自找苦吃。如能選擇放下，世界就會開闊許多。

過好當下的生活吧！不要再執迷於與任何人的比較了，若是一定要比較，就請與「過去的自己」比。只要現在的日子比過去更幸福，你就已經在絕大部分人的羨慕裡。

來杯熱可可，甜笑一下

「比較」是沒有盡頭的折騰，
但你可以決定不要開始，或是盡早結束。
人生沒有標準格局，
只要你一站，那裡就是中央，你就是主角。

不完美才是人生

前不久，我在電視上看到這樣一則新聞。

她從小到大都是父母眼中的乖乖女、老師眼中的好學生，更是同學們佩服的「學霸」。她從未讓父母操過心，從小到大都過得很順遂，大學、研究所都畢業於名校，畢業後又順利進入一家世界五百強的公司，從事著當今最熱門多金的金融行業。在寸土寸金、人才濟濟的首都，年紀輕輕的她有房、有車、有北京戶口、有高薪職業和高知學歷，這麼多光環籠罩於一身，這是多少人夢寐以求，甚至是奮鬥一生也難以企及的高度啊！然而，令人唏噓的是，這個「開局不久即頂配」的女孩，竟然選擇了自殺，結束了如花的生命。她一路走來的經歷的確令人羨慕，可是結局實在令人惋惜。很多人百思不解，一個如此成功的年輕人，究竟還有什麼求而不得的東西呢？

記者深入走訪後，逐漸還原了她生前的一切。她原本是中國人民大學碩士高才生，對於自己的人生規劃，想必一定曾有過一個美好的藍圖。然而，殘酷的社會、複雜的職場，讓剛剛走出大學校門、幾乎從未經歷過大風大雨的她無所適從。她是一個性格內向的完美主義者，在學習和工作中一向對自己要求甚高。初涉職場，在工作方面的能力和經驗都很有限，這本無可厚非，可是，一向好強的她給自己定下很高的目標，看到自己的努力最終沒有達到預期，她開始不斷地懷疑自己、懷疑人生……

她具體的心路歷程，作為旁人的我不得而知，我只能通過新聞瞭解到她在生命的最後階段，患上了嚴重的憂鬱症。因為工作壓力太大，她在工作中經常出錯，時間久了，她便認為自己什麼都做不好，對自己失望至極，直至悲觀厭世，最終選擇了那條最不該走的路。

我家門口不遠處有一家水果店，店主是一位四十多歲的女人，我們叫她劉嬸。

比起同齡人，劉嬸的命運很坎坷，年幼時就失去雙親，結婚後丈夫又患病癱瘓在床，家中的大事小事都靠劉嬸自己操持。每天半夜，劉嬸獨自蹬著三輪車，去很遠的郊區批發市場選購新鮮水果和蔬菜，風雨無阻，從不停歇，一整年睡不了幾次好覺。到了早晨，劉嬸還要儘快做好早餐，送兒子上學，伺候丈夫洗漱，然後去店裡開門迎客。

儘管日子艱苦，但劉嬸的店總是被她收拾得乾乾淨淨。她熱情對待每位顧客，做生意也從來不缺斤少兩。與一般菜販更不同的是：只要店裡沒有客人，劉嬸就會搬過來一只破舊的小凳，坐到門口安靜地讀書看報。等有客人進店，她才會放下書招呼客人。除了讀書看報，劉嬸還喜歡寫文章。每當深夜，劉嬸收拾好裡裡外外的一切，就會騰出一點時間來寫東西。她自己說，有時寫日記，有時寫一點感悟，有時也會寫關於她自己的自傳小說。每天寫上百千來字，是劉嬸雷打不動的消遣。

年少好奇的我曾問過她：「命運對妳太不公平，妳卻從來沒有抱怨過命運，反而還能妥帖平靜地打理著每一天。妳到底是怎麼做到的？」

劉嬸坐在店門口，抬頭望望天上的太陽，淡淡地答：「我的日子雖然比上不足，好歹也比下有餘。我們一家人不愁吃穿，有房有店，每年也都有存款。只要這樣的日子能一直過下去，我還有什麼不知足呢？」

作家莫言說：「世界上的事情，最忌諱的就是個十全十美。你看那天上的月亮，一旦圓滿了，馬上就要虧厭；樹上的果子，一旦成熟了，馬上就要墜落。凡事總要稍留欠缺，才能持恆。」不要太在意別人對你的看法，太想讓別人認同你。人無完人，太過追求完美，只會適得其反。

這個世界從來沒有完美的人和事，王子配公主的完美故事，只能發生在美好的童話世界中。生活太難，我們真沒必要再親手把自己逼到山窮水盡。

幸福這件事其實很簡單。雖然沒有大富大貴，但好在有手有腳，能自力更生，是幸福；雖然沒有親眼見過整個世界，但好在還見過家鄉的風與月、花與雪，能熟知家鄉的每一寸土地，是幸福；雖然沒有嬌妻美眷，但好在父母身體健康、夫妻琴瑟和鳴，能夠每天過著不愁吃穿、平淡安穩的生活，更是幸福。

許多人最大的問題，就是從不肯放過自己。我們總以為，別人能做到的事情，我們只要努力，也一定可以做到。這話確實有幾分道理，但我們真沒必要拿著這句話，把自己架在上不去、下不來的火堆裡。

這個世界上沒有完全相同的兩片葉子，別人的成功經歷，不可能被你一句「拚命努力」就完全複製。不要試圖活得完美無缺，更不要總拿「自己的缺點」去與「別人的優點」相比。見賢者，當思齊，但是人無完人，你只要盡力了就好。

要想活得自在精彩，你要先學會接納不完美的自己，享受不完美的人生。

無論未來的道路怎樣，無論季節如何變換，請你都要留給自己一片坦蕩晴朗的天空，讓自己的內心惠風和暢，充滿明媚的陽光。

來杯熱可可，甜笑一下

快樂並不是因為人生完美，
而是決定不再糾結。
如果覺得人生苦惱多，
那是因為你把「事情」
都當成「問題」來看。

「標籤」時代，你別活成「標籤」

「妳為什麼要學日語呀？妳曉得不曉得，日本人的良心都壞了，日本人沒有一個好東西，妳這小女生好不容易考上大學，為什麼要去學日語呀，難道是想以後當漢奸嗎？」

「你們現在這些小孩子，每天就去看那些日本的卡通、電視劇什麼的，那些卡通人物有什麼好看的，看看我們自己的電視劇不好嗎？你們這些孩子年紀還太小，不清楚利害關係，看多了日本的東西，心容易變壞呀！」

某一年坐火車回家的時候，偶然遇到一位非常健談的阿姨。這位阿姨跟我在同一車站上車，又恰好坐在我的對面，我們便攀談起來。阿姨生得慈眉善目的，聊了沒幾句，她便把她包裡的橘子硬塞給我吃，熱情得讓我有些不好意思，同時在腦海裡回想起不少《法治進行時》裡誘拐的案件。而當我提到自己在大學學的專業是日語時，阿姨的臉色馬上就變了，開始毫不留情地數落起我來。

我早已習慣了這種情況，所以，面對阿姨忽然上演的「川劇變臉」，我只是沉默不語，偶爾在她炙熱如火的鼓勵眼神中默默點頭附和一下。見我一直不搭腔，阿姨的聲音終於慢慢變小直至消失。她意猶未盡地動了動嘴，又從包裡掏出一管護手霜，擠了一點，抹了起來。

我一眼瞥到阿姨護手霜的牌子：「這個護手霜是……」

「這個是我兒子過年的時候帶給我的，好用得很哦。哎，你們這些年輕人呀，就喜歡追捧外國的牌子，你看看阿姨這個國產的不也……」

「阿姨，您的這個護手霜是日本產的，我也用過。」我盡量用平靜的語調回覆道。被我這麼一說，阿姨頓時變了臉色，瞪著我的臉，半張著嘴，卻一句話也說不出來。後來，直到我下車，她也沒有再跟我搭過一句話。

如今想來，當時的我故意讓年長者如此尷尬，實在有些不禮貌。但是這件事卻讓我更加清楚地體會到「標籤」時代的可怕。

在我的高中時代，每個人都為了考上好大學而拚命用功。當時，絕大部分的學生都會去上補習班，然而每個班裡，似乎總有那麼一些學生——無論上了多少補習班、無論念得多麼刻苦，成績卻總是拉不上來。於是，這些人的身上很自然地被貼上了「智商不夠」、「腦子不好」的標籤。

「因為頭腦不好，所以再怎麼努力用功也沒用嘛！」這話聽起來有道理，可是仔細想想，學業成績的好壞，真的能代表智商嗎？我們不是不知道，影響成績的因素遠非只有智力因素一項，但是在不知不覺間，我們卻停止了自主思考，隨波逐流地給這些努力無果的同學，冷酷地貼上了「低智商」的標籤。

在發展速度堪比火箭升空的當今時代，「標籤」越來越成為一個簡便高效的工具。我們企圖給世間的一切分門別類，甚至希望也在自己身上貼好標籤，以便把複雜的人性，像自然科學一樣整齊分類，達到高效利用的目的。於是，似乎有助於區分人和人性的星座、血型之說開始大行其道，專注於為人們增加更多新標籤的趣味心理測試，也越來越受大眾歡迎。

然而，人和人性，真的能夠靠「標籤」區分嗎？僅僅依靠「標籤」評判一個人，而不是依靠長時間的交往和獨立思考去理解一個人，這種方法真的是「科學」的嗎？

我曾在一本人文學書籍裡，讀到過這樣一個詞：文化刻板印象。相比於一個普通抽象的詞彙，我更願意把它理解成當代的一種精神流行病。

根據空有一腔熱血、毫無行醫資格的精神流行病醫生阿檀診斷：「文化刻板印象」病，是一種正在全世界流行蔓延的病，容易被感染的人不僅限於懵懂的青少年，還包括很多經歷過世事、受過高等教育的中年人和老年人。文化刻板印象病的病症，不僅限於患者對他人的刻板印象，還包括對其他文化的刻板印象，甚至包括患者對自己的刻板印象。例如，在當今時代，只要提到中國人，我們就會想到《舌尖上的中國》（編註：中國大型美食類紀錄片）相關美食；提到韓國，就會想到泡菜、韓劇；提到日本或者德國，就會很容易聯想到嚴謹自律的文化……然而，任何人都無法否認的是，即便擁有同一種國籍，每個人也都有著各自不同的個性。即便隸屬於同一個國家，每個地區也都有著各不相同的文化。事實本是如此，我們卻習慣性地無視個體的差異，這難道不正是文化刻板印象病最典型的病症嗎？

患有文化刻板印象病的人，通常會習慣性地認為：自己的觀點是絕對正確的，並且會自然而然地按照自己的思想和標準，去評判其他的人和事。這樣做的結果，使得這種病的患者們會在不知不覺間，忘記人與人之間有差異性的存在，並在自己與外界之間架起一道高不可攀的壁壘，導致他們與其他人的溝通再也沒有平等、坦誠和自在可言。

我在學習日語以前，也曾經因為過去的苦難歷史而心有介懷。實話實說，直到幾年以前，我對日本和日本人都沒有什麼好感，充其量不討厭而已。因為自近現代以來，我這個年紀的很多中國人，似乎都習慣把日本視為侵略國，我們很難改變我們對待日本的初始印象。而日本人在看待我們時，或許也是預先設定了某種印象。

在許多日本人看來，中國人就是「自由奔放」、「大大咧咧」、「嗓門大」之類標籤的代名詞，然而，中國有十四億人口，在這十四億人口當中，一定會有內向的人、膽小的人。而在一向以國民「嚴謹抑鬱」著稱的日本，也一定會有天性樂觀的人，不是嗎？

活在這個「標籤」時代，是我們無法選擇的事，但是我們可以從現在開始，努力撕掉自己身上貼著的標籤，也嘗試著不要再以別人身上貼著的標籤，去評判和理解對方。

還是那位毫無行醫資格的精神流行病赤腳醫生阿檀又說，治療文化刻板印象病的特效藥是什麼？就是「撕掉標籤」！複雜又偉大的人類和人性，永遠不是簡簡單單的一堆標籤，就可以歸納和代表的，關於人的問題，永遠不可能存在權威的和唯一不變的正解。

所以，不要再追求那些看似高效，實則簡單粗暴的標籤化人生了！一生很長，我們有很長的時間慢慢走，慢慢看，慢慢遇見有趣的思想和有趣的人。

來杯熱可可，甜笑一下

就算你一下變成香甜的水蜜桃，
一下變成嬌豔的櫻桃，
還是會有人說
他不喜歡水蜜桃，也不喜歡櫻桃……
快樂，不在於別人喜不喜歡你的樣子，
而是你喜歡你自己的樣子。

成年人的世界裡，從來沒有「容易」二字

位於社區門口的市場裡，有著一對賣水果的夫妻，是從農村出來工作的，每天晚睡早起，一年三百六十五天，他們天天都在市場賣貨，從不休息。他們的水果時令性強，又很新鮮，價格合理，而且從不缺斤少兩、濫竽充數，買他們的水果可以放一百個心。日子久了，他們在附近居民那裡贏得了很好的口碑。

有一年冬天凌晨三點，我去火車站接一位遠道而來的朋友。我站在路邊招計程車，在凜冽的寒風中，忽然看到一個騎著三輪車的身影，頂著狂風吃力地向前蹬著，定睛一看，是賣水果的男主人。我恍然大悟：原來他們每天都是在凌晨去進貨，難怪他家的水果那麼新鮮。每天當我們還在香甜的夢中時，他們已經開始了一天的勞作。

這對夫妻不辭辛苦，用自己的辛勞和汗水，不僅維持家裡的日常開銷，還供兩個孩子上學，聽說最近又在城裡買下一間套房。他們靠自己的雙手，真正在這個城市站穩了腳跟。

成年人的世界裡，從來沒有「容易」二字。每個人都有著不為人知的艱辛與心酸，不會對所有人說起，更不會讓所有人看見，因為許多艱難困苦的事，終歸要自己面對，這就是生活。

鄰居琴姐是一位單親媽媽，因為從小家境貧寒，所以極度渴望家的溫暖，就像在茫茫大海之中，想要迅速抓住一葉浮萍一樣。工作不久，琴姐便匆忙結婚了，她以為就此找到了避風的港灣。

婆婆是個重男輕女、封建思想嚴重的人，一副多年媳婦熬成婆的架勢。她認為媳婦就應生兒育女，伺候一家老小，不能有任何怨言。在她的教唆下，兒子每天像皇帝一樣，對孩子、對家庭不聞不問，在外吃喝嫖賭。琴姐屢次勸說，丈夫依舊我行我素、不思悔改，最後竟然對琴姐拳腳相向。琴姐實在忍無可忍，終於帶著年幼的孩子淨身出戶（編註：離婚時一方放棄全部財產，只帶著自己的身體離開），離開了這個家。

剛離婚那段時間，琴姐難上加難，因為身邊無依無靠，沒有一個幫手。那時孩子小，琴姐一個人一邊上班，一邊帶孩子，常常顧了東顧不了西。孩子常常生病，在醫院帶孩子打點滴，沒辦法吃飯是常事。每天馬不停蹄的奔忙，日子過得分不清白天黑夜，從早到晚，琴姐像陀螺一樣轉個不停。現在想來，真不知當時她是怎麼熬過來的。

琴姐在公司裡不僅要工作，還要忍受同事之間的鉤心鬥角。即使她不參與，也有人暗中使壞算計，有些人就是要靠貶低、打壓別人來抬高自己……對於辦公室的鬥爭，琴姐既沒有那種愛好，更沒有那份精力，所以她一直都是裝聾作啞、委曲求全。

因為琴姐不會對公司主管溜鬚拍馬（編註：諂媚奉承、拍馬屁），所以勢利的主管處處給琴姐穿小鞋（編註：暗中打擊或刁難）。在這個世俗功利的社會，孤獨無助的琴姐就像一隻弱小的綿羊，誰都想咬上一口、踩上一腳，那些人以此為樂，以此豐富自己的人生樂趣。

那些艱難的日子，琴姐一個人咬牙挺過來了，現在孩子終於長大了、懂事了。俗話說：「窮人的孩子早當家」，孩子為母親分擔了不少家務，學業上、生活中從不讓母親操心，比起同齡的孩子顯得成熟而穩重。孩子成了琴姐可以依靠的肩膀，琴姐也靠著自己一絲不苟的工作精神，在工作上做出了一些成績。

生活中其實有太多你預料不到、無法左右的東西：有你承受不了的壓力；有你窮盡一生也追趕不上的差距；有訴不盡的委屈；有看似跨不過的溝坎。無論你身處何種艱難，都不要怨天尤人，因為別人光鮮的背後，都曾有過不堪；別人所有的光彩照人，也都有你不瞭解的苦澀與艱難。沒有誰的生活是容易的，只是有人選擇哭著度過，有人選擇咬緊牙關挺過去，誰都要在一次次不斷跌倒中強忍疼痛，一次次再艱難地站起來。

不要再抱怨生活太艱難，生活對你的每一次刁難，都是一種善意的提醒，為了讓你更清楚地認識自己，更好地完善自己。那些糟糕的事情、艱難的時刻、苦熬的時光，都會成為你生命中最堅實的鎧甲，幫助你實現人生的蛻變，讓你脫胎換骨、浴火重生，成為更好的自己。

那些曾經受過的傷、吃過的苦、流過的淚，會讓你變得更加堅強，讓你的腳步更加穩健。

來杯熱可可，甜笑一下

人生是不容易，
誰都得帶著點傷疤繼續前行。
所幸結成的痂，底下會長出新嫩的肉，
吃過的苦，會形成強大的實力，
你說不公平，但也挺公平的。

生活有點難，你笑得有點甜

臨近春節，琳琳做的策劃案還是不能令自己滿意，她改了又改、寫了又寫，每天都加班到半夜，想趕在節前交上一份完美的策劃案。所以這半個多月來，琳琳從未在夜裡十二點之前離開過公司。

今天，琳琳照例又在外送平臺上，點了她最愛吃的鴨肉蓋飯，不一會兒外送員就風塵僕僕地送來了餐。

「怎麼又是你？還沒有下班啊？」

「快了，送完這單就下班回家。」

因為總是這個時段點餐和送餐，琳琳和外送員漸漸熟悉了。琳琳知道外送員姓李，就改叫他老李了。老李五十多歲，孤身一人，背井離鄉，在城市打拚，風雨無阻，從沒有休息日。琳琳曾問過老李，這麼大年紀了，為何不在家裡過安穩日子，還出來拚命賺錢。老李說，他曾經在他家鄉的小鎮，與人合夥開過一家飯店，後來由於經營不善，小店關門了。老李入股投資飯店的錢，都是向親戚朋友挨家挨戶借來的，所以他痛定思痛，安頓好老婆孩子後，就獨自出來打工還債了。

老李歲數大了，又沒有什麼技術，所以只能跑外送，風裡來，雨裡去。平日裡老李省吃儉用，常常是吃一個冷饅頭配上水煮白菜，然後把省下的錢寄回家還債。幾年過去後，債已經還得差不多了。

琳琳問老李：「今年春節不回去與家人團圓嗎？」

老李說：「趁春節多賺點錢，再做一年就能把欠的錢徹底還完了，到時就回老家，跟老婆孩子團圓。」說這話時，老李眼裡閃著光，燦爛的笑容洋溢在他布滿歲月風霜的臉上。

那一刻，琳琳被老李的話打動了。老李生活雖艱辛，可是他的笑容卻是甜的，因為他在艱苦的生活中，捕捉到了美好的東西。那段時間，琳琳廢寢忘食趕工，終於在春節前夕向主管交出了漂亮的策劃案。後來，她成了留在公司裡為數不多的實習生之一，並轉為正式員工。

生活就像個五味瓶，我們每個人的生活都沒有那麼好，但其實也沒有那麼糟，即使眼前有些困難，只要忍一忍，一切總會過去的。開心是過一天，煩惱也是過一天，為何不選擇笑著度過每一天呢？

我家樓下住著一對清潔隊老夫妻，每天天還未亮，當大多數人都還在睡夢中，他們就已經早早地去清掃路面了。天氣好時還好說，若是遇到下雪天，那份艱辛是難以想像的。兩個老人家省吃儉用，這麼多年從未添過一件新衣服，每天粗茶淡飯，經常饅頭稀飯配鹹菜就是一餐。他們把省下的錢，全部用來供女兒在國外上學。好多人對此很不理解，老夫妻日子過得這麼清貧，為什麼還要供女兒出國讀書？我也曾帶著疑惑問過清潔阿姨，每當提起女兒，清潔阿姨的臉上就會露出笑容，總是有說不完的話題。

「我一定要供女兒上學，支持孩子讀書，出去見世面，這樣她將來才不會像我一樣受這麼多苦。雖然我現在的日子辛苦一點，但沒有關係，我們過慣了苦日子。再苦再累，只要一想到孩子將來學業有成，心中便有了勁頭。」

村上春樹曾說：「假如您此時此刻剛好陷入了困境，正飽受折磨，那麼我很想告訴您，儘管眼下十分艱難，可是日後這段經歷，說不定就會開花結果。」

所以，親愛的朋友，無論在人生路上遇到什麼，哪怕此刻痛不欲生、日子捉襟見肘，都請你勇敢去面對，不要自怨自艾，也不要就此消沉。別讓人生未曾開始，就先輸給心情。相信我，一切都會好起來的。

我的朋友，願你能忘記痛苦，為陽光騰出空間；願你能擦乾淚水，在心裡裝滿希望。無論何種處境，都不要忘記給自己一顆糖，讓生活充滿甜蜜。

來杯熱可可，甜笑一下

允許自己小笨、小傻、有時懦弱，
允許自己在黑暗中跌倒放聲哭泣，
允許自己毫無野心平淡快樂，
允許自己低頭採食野菜卻不踮腳摘採美果……
愛自己的每一個面向。

PART 6

若想擁有愛情，請從現在開始做更好的自己

世上最好聽的情話應該是這樣的：
你未出現時，我已擁有了全世界。
當你來時，我願意用全世界來換一個你。
安全感永遠是自己給自己的。
若想擁有幸福美滿的愛情，請從現在開始努力上進，
成為無可替代的、更好的自己！

表達愛的人比被愛的人更幸福

「薄情」先生最近在網上發現一句很紅的網路用語：「不要做『舔狗』，因為『舔狗』到最後往往會一無所有。」

薄情先生轉頭問同事：「『舔狗』是什麼狗？」

同事像看外星人似的看了薄情先生一眼，頗不屑地說：「舔狗不是狗，是人，指的是那些愛別人勝過愛自己的人。」

薄情先生不解：「愛別人勝過愛自己，錯了嗎？」

同事更不解：「愛別人甚至超過了愛自己，不就等於失去了自己嗎，沒有錯嗎？」

薄情先生一時不知如何反駁，可是心裡又總覺得不太對。於是回家後，他一個電話撥了出去，把問題拋給了他的另一個朋友「深情」先生。

「深情」先生聽完他的講述，答覆道：「在我看來，你們兩人的說法都沒錯。錯只錯在，這個薄情世界裡的一些人，誤把深情的人也當作了『舔狗』。」

深情先生淡淡地說：「我先給你講一個故事吧。」

阿深與和和，兩人相識於那個斑駁陸離的青春歲月裡。

和和是文學院有名的美女兼才女，還是學校藝術團最出色的領舞和鋼琴首席。在大學這個尚未完全以金錢定義人生價值的地方，和和這樣的女生無疑非常耀眼。相比之下，阿深就顯得平凡得多了。他和所有你已經想不起名字的男生一樣，長相樸素、性格溫暾、穿著普通，每天除了朝九晚五地上課上班，幾乎沒有別的排程，生活乾淨得如同一張白紙。只不過他這樣的「白紙」在很多人看來，只是一張毫無特色的「廢紙」。

所以，日子長了，連阿深自己都忘了，他這種平凡的人，當初是怎麼與在舞臺上耀眼綻放的和和相識的。等到那遙遠的記憶再連接起來的時候，他與和和已經成了朋友。

朋友？

應該是朋友吧。或者殘酷一點地說，在最初的那段日子裡，只是阿深一廂情願地陪在和和身邊罷了。

相識後的第一年，阿深自願把自己變成和和的「最佳觀眾」。他默默地陪在和和身邊，為她做著跑腿、煮飯、買早餐之類最平凡的小事。他關注著和和的每一個言行舉止，細心記錄著她的每一點小習慣，可是一旦走到和和的面前，無法抑制心底自卑的他，就立刻退化成了啞巴和旁觀者，甚至故意對她冷漠得連一聲招呼都懶得回應。

第一年，阿深只敢站在安全距離以外，默默地觀望和和，此外，他什麼都不敢做。到第一年快結束的時候，他們之間的破冰還是因為一場暴雨。

天氣預報說那天有颱風來襲，所以雨也會下得很大。可是和和在那天還有不得不去的劇團排練。阿深知道和和一向不習慣帶傘，他本想等排練結束後給她送傘過去，可是一想到自己的卑微，他終究還是沒敢邁出一步。

阿深心虛地安慰懦弱的自己：「像和和那樣耀眼的女生，就算沒有帶傘，應該也有很多男生排隊等著幫助她吧！她不會有事的。」

可是等到夜深時，阿深偶然刷新微博，卻看到和和發文說自己淋雨發燒了。

阿深猶豫了一下，發訊息問：「妳好點了嗎？」

消息發出去之後，阿深就開始後悔了。他知道和和很有可能不會回覆他，因為沒回覆是經常的事。可是無論和和會不會回覆他，他都會無法控制地為了等待她的訊息而失眠。他早就不想再忍受這種折磨了。

他的手指停了停，編輯的內容改了又改。他一忍再忍，最後還是忍不住爆發。

「妳有什麼事能不能告訴我，不要再一個人承受了！我到底要怎麼樣才能讓妳知道，我有多擔心妳！」

殘存的理智頑強地堅守著崗位，它不斷提醒著阿深，他不能發出這條訊息，他不能讓她為難，可是他顫抖著的手，最終還是按下了發送鍵。

訊息發出去之後，阿深立刻冷靜了下來。他又開始習慣性地嘲笑自己：和和怎麼會回覆他這麼無聊的訊息呢？她那麼忙，藝術團有那麼多工作等著她做。她那麼好，那麼多才多藝、長袖善舞，怎麼會需要別人幫忙呢？就算真的有需要，她又有什麼地方需要自己幫忙呢？

阿深輕輕歎息，看著聊天介面上和和的名字發呆。良久，他才收了心，決絕地把手機扔到一邊，又隨手摸了一件外套蓋住。之後，他愣了愣神，突然又把手機翻出來調成響鈴模式，然後才把手機放回到衣服底下，開始專心看書。

不知過了多久，突然傳來收到訊息的鈴聲。阿深扭頭就從衣服裡抓起手機，解開螢幕鎖定一看，是和和發來的訊息：「沒什麼事，睡了一覺之後感覺好多了。」

阿深握緊了拳頭，卻掩不住嘴角的淺笑：「嗯，沒事就好。」

他猶豫良久，還是決定問出心底的那個問題：「我能不能……問妳一個問題？在妳眼裡，我到底是什麼樣的人呢？」

這一次，和和回覆得很快：「喜歡我的人呀。」

「還有，想成為朋友卻無法成為朋友的人。」

那次聊天之後，阿深與和和的關係融洽了很多。到了他們相識的第二年時，阿深已經成了和和的「最佳聊友」。

或者明確一點地說，是和和聊、阿深聽。

結束演出的和和，總喜歡一蹦一跳地走在阿深前面，時不時回過頭去跟他吐槽：「今天來的鋼琴師，最多算是中等水準的演奏者，曲子彈得很流暢，但是缺乏感情，對力量的運用也不夠好，一聽就讓人覺得還差點火候。」

阿深拎著和和的演出服，跟在她身邊慢慢地走：「外行人不懂鋼琴，只知道很好聽就是了。」

和和輕笑：「在舞臺上的時候，我突然想起了李雲迪，他就是一位很適合彈蕭邦曲子的演奏者。蕭邦的曲子雖然很經典，卻不是什麼人都能彈得來的。」

阿深點頭：「嗯。」

和和又笑，水葱似的纖纖細手朝阿深一指：「有時候想呀，你可真是比我聰明多了。但是轉念又一想，你在別人面前也不是這樣呀。」

阿深微微愣了一下，回了一個木訥的疑問詞：「嗯？」

和和忍不住笑得肩膀直抖，答道：「沒什麼啦。」

「嗯……」

「傻瓜。」

在第二年裡，阿深與和和的關係越來越好了。阿深開始常常陪著喜歡旅行的和和滿世界走。藝術團演出結束時，阿深也習慣了站在後臺門口，等著待會送和和回家。每次和和看見他時，都會笑著跑過來勾住他的手臂，再轉過頭去，俏皮地跟其他瞠目而觀的演員們說：「喏，這是我閨密。」

阿深從來不敢奢望能與和和再親密一點，青春留給他揮霍的時間也所剩無幾。

在與和和相識的第三年，阿深畢業了。

阿深從來沒有對和和表明過心意。可是在離開學校前，他為和和留下一首詩。那是他這個理工男花了整整兩天的時間、死了無數的腦細胞才寫下的詩，他想認認真真地跟和和、跟自己的青春道別。

他寫道：

想妳時，

我思緒萬千，

落筆卻只寫成「我愛妳」。

我說愛妳時，

妳卻不知道我思緒萬千。

阿深與和和的故事，在他們青春即將結束時也草草結束。有時候阿深會自省，如果自己能再勇敢一些，也許他跟和和的故事，就能有一個全新的結局。可是他轉念一想，就又放棄了這種沒來由的自譴——他只不過是做了對兩人都好的選擇。

生活畢竟不是童話，就算是在溫柔如夢的童話裡，公主也不可能跟小矮人長久生活在一起。實際上，生活的絕大部分經歷，最終都不會有一個結局，不喜不悲、無可奈何，就是生活最常見的結局。

他到底還是說服了自己。

後來，阿深回到故鄉自主創業。已經考上研究生的和和，輾轉寄給他一本小說作為紀念。此後的幾年裡，兩人再無聯繫。

「故事講完了，你還在聽嗎？」

薄情先生無意識地捏緊電話，思緒一直沉浸在剛才的故事裡。直到電話那頭的深情先生叫了他好幾遍，他才回過神來，一瞬間被拉回到現在的時間點。

他坦言自己的好奇心：「我從沒聽你說過這些。後來阿深跟和和怎麼樣了？他們的故事真的就這麼結束了嗎？」

深情先生笑著說：「你不就是寫故事的嗎？依你看，這個故事的結局會怎麼走呢？」

「我不知道……」

薄情先生正有些沮喪，忽然又想起自己這通電話的目的：「這個故事很好聽，可是你的故事跟『舔狗』與『深情』的區別，又有什麼關係呢？」

深情先生鄭重地說：「我想通過這個故事告訴你，『深情』與『舔狗』是不該由他人來定義的。

所謂深情，就是破例。當愛一個人愛到極致的時候，你就會心甘情願地為了對方，改變自己的愛好和作息，為了對方修練自己的內在和外表，甚至為了對方放棄自己的理智和原則。這一個過程是不求回報的，是無意識的，也是無法自控的。這就是古人說的『情不知所起，一往而深』。

為心愛的人破例，是一種幸福的享受。從心理學的角度來說，這種快樂，源自我們先天對於『犧牲』的美學那股執著與追求。然而，我更願意從藝術的角度去看它。在這個薄情的世界裡，能夠成為一個深情的人是快樂的，因為表達愛的人，永遠比被愛的人更有愛，更幸福。

在我看來，深情與舔狗只有一線之差，這一線就是為人處世的『底線』。深情的人知道，這個世界除了他的愛情，還有很多值得珍惜的人和事物存在，他們懂得為愛做犧牲。而『舔狗』們的世界，則只由他們想像出來的愛情所組成。」

深情先生說完，笑了：「愛本珍貴。如果只是因為害怕被人叫作『舔狗』，就對愛情有所保留，變得自私自我，我總覺得不值得。」

薄情先生一時無言，若有所思。

手機忽然一陣震動，深情先生看了看簡訊，道：「我太太催我回去吃飯了，我先掛了。」

他說著掛斷了電話，抱著一本書闊步往家走去。

距離市中心隔著兩條街的地方，就是深情先生的家。他的臥室裡開著窗，不請自來的秋風，無意間吹開了窗臺上放著的一本《嫌疑人X的獻身》的扉頁，有一筆少女獨有的娟秀字體，在那裡留下了幾行詩：

想你的時候我思緒萬千，
落筆時卻只寫成一句「我愛你」。
我對著藍天和大地、烏雲和繁星、白天和黑夜沉吟你的名字，
我在暮色降臨、黑夜籠罩、天邊泛起魚肚白時回顧你的音容，
我對世界上的一切生靈都聊起過你，
卻唯獨在你面前守口如瓶。

來杯熱可可，甜笑一下

追愛的時候，如果計算著成功率，
那追求的是「占有」，而不是愛情。
戀愛的時候，如果計算著付出多少，
那愛上的是「交換」，而不是愛情。

得不到的喜歡，要懂得適可而止

葉子今天第一天去公司上班，她穿著整潔的套裝，走在路上，心中忐忑不安，又有一絲小驚喜，她對自己將要工作的職場充滿了嚮往。公司在一棟高級的商業大樓，非常氣派！走入公司，主管安排葉子先在業務部門學習，負責帶她的是一位中年男子——譚先生。在與譚先生四目相對的一瞬間，葉子忽然有種怦然心動的感覺。譚先生長著一張剛毅的臉，黝黑深邃的眼睛似乎讓人望不到底，很是迷人。「妳好，葉小姐。」一聲富有磁性的男中音，打斷了葉子的遐想。

「啊，譚先生你好。」葉子匆忙回應。

葉子的手被譚先生渾厚有力的手緊緊握住，「從今天起，我們就是一個戰壕裡並肩作戰的戰友了。」

葉子附和地點了點頭。從此，葉子就成了老譚手下的一員。

老譚是一個對工作一絲不苟的人，業務工作極其瑣碎繁雜，既要開發新客戶，又要回訪老客戶，許多工作的要領和技巧，老譚都毫無保留地傳授給葉子。葉子虛心好學，進步很快。

老譚不僅在工作中幫助葉子，在生活中也格外關照她。有時加班忙碌起來，葉子來不及吃晚飯，老譚會點上一份外送，無聲地送到葉子面前，讓葉子感動得簡直要掉眼淚……在老譚的指教下，葉子終於可以獨自上手了。不久，兩個人就成了王牌搭檔，共同簽下許多大專案的訂單。

有一年冬天，公司為了擴大發展，急需開發一批潛在的新客戶，主管派他們兩人去搞定東北的市場。北國的冰城寒風刺骨，滴水成冰，他們連日奔波，不得休息，使得老譚感冒發燒了，他暈乎乎地躺在飯店裡。葉子又是買藥，又是買飯，一直到把老譚安頓好，她才回去休息。老譚的身體剛有好轉，他們又投入緊張的工作中。終於，他們用真誠和耐心，搞定了那位潛在的大客戶，為公司拿下了訂單，那一刻，他們欣喜若狂！

晚上，為了慶祝成功簽單，他們兩人吃了一頓慶功宴。葉子像小迷妹一樣，無比崇拜地敬老譚一杯酒，感謝他這幾年的栽培。看著老譚那深邃溫柔的目光，葉子忽然有種衝動，她知道自己已不知不覺愛上了老譚，愛他工作上的拚搏進取、處事穩健；愛他生活中的溫柔體貼、無私幫助，這不正是自己朝思暮想的夢中人嗎？然而，現實的鴻溝擺在眼前，老譚早已結婚，他的手機中存著好多一家三口的照片，老婆溫柔賢慧，女兒活潑可愛，這是一個溢滿幸福的家庭啊！葉子真的很羨慕老譚的妻子，甚至有點嫉妒她。然而葉子只能壓抑住自己的情感，不能向前多邁一步，因為理智告訴她，絕不能破壞這一家人的幸福，那樣做自己的良心會受到譴責。真的，有時打心底愛一個人，並非要完全擁有。遠遠地看著他幸福，心中就會無比快樂了。

其實，老譚跟葉子在工作中朝夕相處，也漸漸從心底喜歡上了這個女孩，她工作熱情，活潑又善良，很多難纏的客戶都會被她的真誠搞定，許多尷尬的時刻，也會被她的幽默輕鬆化解，老譚不禁對這個女孩刮目相看。看她的眼神也越來越充滿欣賞、越來越溫柔……老譚身上這些細微的變化，葉子當然捕捉得到。葉子很猶豫，是放棄，還是繼續任其發展？考慮再三，她不想插足老譚的婚姻，錯的時間裡遇見對的人，最終只能是一聲歎息！為了徹底斬斷這份情，徹底忘記老譚，葉子果斷的遞交了辭職信，她要去另一個城市發展，忘記老譚，忘記這裡的一切，重新開始。

如今的葉子，已是業務領域中的佼佼者，這其中當然有自己的努力，但是老譚當初的提攜幫助也是一大功勞。葉子很感激老譚，他讓自己學會了很多，無論是在工作中，還是在為人處世上，葉子都受益匪淺。能在生命中遇到一個令自己心動、深愛的人，是一種莫大的幸運！雖然由於種種原因，最終不能走到一起，但這段經歷，會成為你青春歲月中最美的回憶。為了他，你會努力工作，你會更加完善自己，雖然最終沒有得到愛情，可是在不知不覺中，成就了優秀的自己，這已是命運給予的最好禮物。

對於得不到的喜歡，我們應適可而止，不再打擾，各自安好，因為它原本就不屬於你。這是對他人的尊重，也是對自己的負責。人生的路很長，相信總有一天，你會遇到生命中那個對的人，相信他此刻也正在茫茫人海中苦苦地尋找你，越來越走近你。

來杯熱可可，甜笑一下

失去原本就不屬於你的東西，
自然不必覺得可惜。
放下具有傷害性的感情，
那是你莫大的福氣。
如果發現這份愛情不是「佳釀」，
至少我們不要讓它成為「枷鎖」。

女人，你該先學會愛你自己

她半夜給我打來電話的時候，我正在睡夢中和漂亮小姐姐搭訕。睡夢之間剛接起電話，就聽她劈頭一頓怒罵。我知道肯定又是她的丈夫惹她生氣了。

果不其然，她氣沖沖地跟我說，她自從嫁了人就倒了楣——雖然不上班，但每天照舊不能閒著，甚至比上班的時候還累。每天早上五點半就起床，簡單洗漱之後就得收拾家裡、做早餐，好不容易把每個房間都打掃乾淨了、把早餐也端上桌了，這時候她的丈夫和孩子也醒了。她就又得放下吸塵器，馬不停蹄地跑去哄孩子洗漱、穿衣、吃飯，然後一邊看著孩子坐在桌前背單詞、一邊忙裡偷閒地吃兩口早餐。因為過不了多長時間，她還得趕著送孩子上學、送丈夫上班。等大人孩子都走了，她還要洗碗、出去採購家庭用品，回家洗衣服、擦地、準備晚飯……忙完了這些家事，時間也走到日薄西山的時候了。她揉一揉痠疼的腰，在沙發上靠一會兒就當做是休息了。要不了多久，她又得出門去學校接孩子放學，然後把早上的匆忙再重複一遍，常常要忙到夜裡十二點才能睡覺。

她憤憤不平地說，她平時要忙的工作太多了：她承包了家裡的各種家務、負責柴米油鹽醬醋茶的所有採購，還要接送孩子上學放學去補習班、看著孩子念書寫功課……這些瑣事她的丈夫一概不管也就罷了，反正現在「喪偶式」（編註：類似「偽單親」的說法，指已婚夫妻僅一方承擔重任）育兒的家庭也不少，可是他還偏偏喜歡酗酒。他今天晚上又喝醉了酒，直到三更半夜才想起來回家。一進門，他就嚷嚷著讓家裡人出來「迎接」他。她怕他吵到孩子，好心央求他壓低點音量說話，誰知他反而更來勁了，不僅聲音又高八度，還不分青紅皂白地對她破口大罵，最後還借著酒勁，打碎了家裡不少碗和盤子，嚇得孩子躲在被子裡直哭。

她滿腹幽怨地說，她可是B大英語專業研究所畢業，畢業的時候，有多少體面多金的工作機會，一片一片地鋪在她眼前任她採擷，可是她當初為了能全心全意地照顧家庭，就放棄了那些她唾手可得的一切。她說，辛辛苦苦給全家人做牛做馬，她為了婚姻和家庭，放下了少女固有的愛美和嬌慣，洗手作羹湯，幫助丈夫、帶孩子、做飯、做家務……她以為丈夫應該會像談戀愛時一樣，對她的犧牲滿心感激，誰知道，現在的他卻對她的付出毫不領情，反而開始認為：她原本就是一個只能吃閒飯的窩囊女人，而他才是她的大救星。

她在電話裡掰著手指頭跟我計算，上大學的時候，她的丈夫為了追到她送過多少次玫瑰、請她吃過多貴的餐廳、帶她去過多少次風景極美的地方旅行。可是現在，他就好像完全忘記了跟她的山盟海誓。她說，她的丈夫一次又一次以開會應酬為藉口，在外酗酒不歸，她忍了；丈夫一次又一次忘記她和孩子的生日、他們的結婚紀念日，她也忍了；如今丈夫對她和孩子越來越冷淡，甚至開始有了借酒家暴的傾向，她真的不知道還要不要再忍下去。

說著說著，她又開始下定決心了。她說她要從現在起洗心革面，把現在這亂七八糟的日子重新來過。她說她這一次肯定要跟丈夫離婚，再不濟也得讓他同意她出去工作，讓他知道她的價值。她說她不是沒有能力，她也不是非得靠一個男人才能過活。她越說越興奮，最後乾脆斬釘截鐵地跟我宣告：她明天就要跟丈夫提出離婚，她自己一個人一定可以過得更好。

是啊，我相信她自己一個人也可以過得很好。但是我也知道，她的生活不會因為這場宣言發生任何改變。到了明天，等到清晨時分，她依然會變回那個任勞任怨的賢妻良母，為了她心目中的「幸福」不停忍耐退讓、犧牲自己。她不惜一切說服自己「家人最重要」，把自己的包容力發揚到無限大，只為了繼續和這個已經不懂得珍惜她和欣賞她，甚至已經不再愛她的人，維繫一個早已搖搖欲墜的家庭。

我多麼希望她有一天能夠明白，家庭固然很重要，可是一個由怨婦和怨夫組成的家庭、一個毫無愛意只有責任的家庭，真的還值得付出嗎？

親愛的，在努力維繫一個幸福的家庭之前，你真的應該先學會愛惜你自己。

如果你有一個深深愛著的人，而對方也同樣愛著你，那你大可以把對方放在與你自己同等重要的地位上，認真地為對方付出。

但如果有一天，他把對你的這份愛消磨殆盡的時候，你就應該及時做出反應，考慮及時停損、抽身而退。如果你仍然把一個已經不再愛你的人，看得和自己一樣無可替代，那麼你對他的愛，就會變成對自己的傷害。你愛得越深，就傷得越狠。

美國心理學家斯科特•派克在《少有人走的路》中說：「真正和諧的夫妻關係，不是一方放棄自己去遷就另一方，而是雙方各自保持自己的獨立性，在彼此的幫助下，共同實現各自的理想和目標。」

我認識的大多數女子都太懂得愛別人，也太懂得在愛情裡包容和忍讓，卻偏偏不懂該怎麼愛自己。

她們甘願為了愛情放棄自己原本的人生追求，甘願為了丈夫和孩子，放棄提升自己的想法。她們歌頌「飛蛾撲火」式的愛情，歌頌「割肉飼虎」般的付出，她們覺得自己就像八點檔悲情電視劇的女主角一樣，恨不得立刻就拿上麥克風，對心中的男主角歌唱一曲：「像我這樣為愛癡狂，到底你該怎麼想。」

生活畢竟不是電視劇。如果一個人不再愛你，哪怕你為了對方移山填海，你所能感動的也只有你自己而已。

我真的不想看到妳年華老去時，滿身傷痕的樣子，我也真的不想看到妳逢人就捧出一顆真心，把自己變得卑微又廉價的樣子。憧憬著完美愛情的女子啊，妳何必把自己未來的幸福，全部寄託給別人？在開始投入一份感情之前，妳真的應該先學會好好愛妳自己。

願妳，無論什麼時候都要記得對自己好一點。記住，這個世界上妳最珍貴。

來杯熱可可，甜笑一下

有人對你說「我愛你」時，
最好把這句話理解為「我現在愛你」。
做自己永遠的熱源，
就算感情上沒有「暖暖包」的時候，
妳也不會凍著。

我愛你，不如我「耐」你

在日本的時候，我在一次外事活動當中，認識了現在的好哥們「地瓜」。

地瓜和他青梅竹馬的女朋友小魔女相戀八年，雙雙赴日工作。為了方便小魔女上下班，他們倆商量之後，在小魔女就職的公司附近租了一間房子住。地瓜剛搬完家，我們幾個「狐朋狗友」就帶著酒菜過來慶祝，想給他一個驚喜。誰知，地瓜一見我們來了，第一反應居然是趕緊把我們推出了大門。

出了門，地瓜才壓低了嗓音說：「搬了一天東西，我家小魔女剛才累得睡著了，我怕我們進去會吵到她。」

我們幾個人識趣地點點頭，把手上的酒菜和禮物放在地上就走。後來，地瓜又找了一個機會主動請客吃飯。在那次飯局上，我才第一次親眼見識了那位被地瓜捧在手心裡寵的小魔女。

說起小魔女，那可真是我們朋友圈裡赫赫有名的人物，凡識地瓜者，只要提及「小魔女」的大名，真可謂是無人不知、無人不曉，人送外號「作神」。若是把小魔女的事蹟全部羅列出來，絕對可以成為一部培養「男德」的訓夫寶典。因此，在此為廣大男性同胞著想，我僅部分舉例，以供參考。

大學時代的小魔女，經常熬夜打電動，即便入社會上班之後，也經常來不及吃早餐，更不會想到要帶午餐便當。地瓜就主動承擔起做早餐的任務，每天五點就起床，幫小魔女做好每天的愛心便當。

身為南方人的小魔女很愛吃，也很會吃。地瓜就在手機裡備註了整個城市裡最有名、最好吃的中餐館及其招牌菜，隨時準備帶小魔女大快朵頤。

小魔女熬到深更半夜時，突然想吃點什麼零食點心，地瓜就馬上從被窩裡爬起來，跑到附近的便利店裡買給她。幸好，小魔女他們租的房子在一樓，便利店離家的距離也不算很遠。否則在大半夜只穿睡衣出門的地瓜，極有被當成夜行變態抓起來的風險。

小魔女跟地瓜在日本結了婚，此後，憨厚老實的地瓜更是把小魔女寵上了天——小魔女不願意做家務，地瓜就一個人把家務活兒全包了；小魔女若是生了病，地瓜就像中世紀的騎士一樣，日夜守在床邊照料；小魔女晚上睡覺時容易做噩夢，地瓜就每晚給她講睡前故事，等到她睡熟了他才休息……

我們常常忍不住打趣地瓜：「你上輩子一定是欠了小魔女好多錢，所以這輩子才要忍受她各種折磨來還債。」

地瓜卻鄭重其事地說：「因為我愛她，所以我為她做什麼都不覺得辛苦。其實小魔女也在為我改變，現在她已經戒了電動，也開始認真學著做家務了。她還記下了我的所有飲食習慣，正在為我學做菜呢！一想到我們兩個人，都在為我們共同的未來而努力，我就感到特別幸福。」

我記得小時候，父親脾氣特別暴躁，而且還愛喝酒。他經常晚上下班回家，一時興起，就把熟睡中的我和母親從床上拽起來，對著我們一通高談闊論，從中國上下五千年談到中國第一顆原子彈爆炸，不聊到盡興絕不休息。

小時候的我，心裡總是因此憤憤不平，可是溫順的母親，卻總能默默接受父親不著邊際的醉話，從來不和父親發生爭吵。我本以為母親的性格太懦弱，才不懂得反抗「霸權」。反觀母親，她似乎從來沒有覺得父親是在傷害她。無論父親跟她磨煩多久，她的態度總是溫和的。我從沒見過像我母親那樣有耐心的人，她彷彿能無限地包容父親和我的所有缺點，事實也確實如此，我的母親一直操持著家裡的大小事務，把我跟父親照顧得舒舒服服。

我曾經很不理解母親對父親的耐心，直到長大了，我才明白其中的道理：母親的所有忍耐，並非源於懦弱的性格，而是出於對父親和我的深厚愛意。

在母親的提醒下，我終於開始放下偏見，仔細觀察父親。我發現：雖然父親在喝醉時，常常對母親大呼小叫、胡言亂語，但是在平時，只要不加班，父親就會在回家後，主動跑前跑後地幫母親做飯、做家務；雖然父親經常在外地出差，但他會記得給母親帶回整箱的紀念品和特色小吃；雖然父親的工作很忙，很少有時間兼顧家裡，但他會清楚地記著母親的生日和他們的結婚紀念日，還會在情人節時，悄悄給她準備紅酒和玫瑰花……

母親對我說，愛的感覺是騙不了人的，即使再想偽裝自己的心，愛與不愛，仍會在生活的每一個點滴裡表現出來。父親每次把掙到的錢交給母親時，眼裡總是溢滿了自豪和幸福。而母親每每在跟外人提到父親時，眼神裡總是蕩漾著滿滿的笑意、暖意。

後來，退休後的父親在母親的幫助下，徹底戒了菸酒。一向不愛出門的母親，也在父親的影響下，開始跟他一起籌畫著出國旅行。

身在異國他鄉時，每次看著父母的照片，我似乎都能聽見他倆在對彼此訴說著這世上最真實和珍貴的情話。

「雖然你喜歡喝酒，喝醉後酒品還不太好，但我知道你是真心愛我，所以我願意忍耐你的缺點，陪你一起克服惡習。」

「雖然我嗜酒如命，但我知道我酒品不好，喝醉了會影響妳、傷害妳。所以我願意忍耐妳對我的約束，與妳同心協力解決我的問題。」

「愛」究竟是什麼？

年少時的我們總是不解其意，等到長大了才開始明白——「愛」這個字，其實細細看進去，分明是一個「耐」字。

因為我「愛」你，所以我「耐」得了你。

這世上從來沒有完美的人，每個人都有缺點。當我們未嘗戀愛滋味時，我們總喜歡給自己未來的另一半定下各種指標。可是當我們真的愛上一個人時，我們就會茅塞頓開：在一個正確的人面前，所有的標準都會變得不再重要。

真正的愛情自有一種魔力。它會讓所有擁抱它的人，都情不自禁地放棄一部分的自己——這並非不是一件好事，它是為了讓你的心靈騰出一些空間，讓另一個人住進你的心裡。

願意為了另一個人而改變自己，是一個雙向的過程。當你為了對方，激發出自己全部的雅量，包容了對方的不足和缺點時，如果對方也同樣愛你，那麼他一定也會願意在你的陪伴下，與你一起進步、共同成長。

相信我，真正完美且合適的愛情，一定會有一個雙贏的結果。

尚未嘗過「陳年愛情」滋味的年輕人，可能要追問了——究竟什麼樣的愛情，才能抵過歲月、長久保鮮呢？

在很多人看來，愛情就是：在風和日麗、草長鶯飛的某一天，我被你的一些特質深深吸引，於是我愛上了你（我愛上了你的美貌、你的身材，你坐在樹蔭下抱著吉他彈唱時的憂鬱氣質，你在籃球場上一躍騰空、反手扣籃時的陽光瀟灑……）怎奈大好年華終究會老去，那些曾經令人一見傾心的耀眼之處，也終究難逃被歲月和習慣磨去光華。於是，這些建立在「括弧」上的愛情，也就走到了盡頭。

所以，我「愛」你所有的光鮮，只是一瞬；我「耐」你所有的缺點，才是一生。

一生那麼短，與其費力相愛相殺，不如共同努力，成為更好的彼此。

若想天長地久，與其說我「愛」你，不如說我「耐」你。

來杯熱可可，甜笑一下

就算能指摘出對方的種種不是，
我們還是要學著諒解自己的另一半，
因為其實
我們自己也沒有多好，
只是我們自己不願意承認而已。

錯誤的愛，應及時停損

詩詩家境優越，父親是大學教授，母親是醫生。詩詩從小就接受了良好的教育，琴棋書畫無所不能，再加上本身氣質出眾，上大學時是當仁不讓的校花。追求詩詩的人大排長龍，可是最終令大家跌破眼鏡的是：在眾多高富帥的追求者中，詩詩竟然相中了總是默默無語、家境貧寒的丁南。丁南出生在農村，他是家裡唯一上大學的人，所以他異常刻苦，成績總是名列前茅，四年來一等獎學金全部被其收入囊中，是同學中的佼佼者。兩人的結合真可謂郎才女貌，是當時校園裡一道亮麗的風景線，羨煞了許多人。

畢業後兩個人順理成章地結了婚。因為丁南家裡經濟條件不好，詩詩的父母很體諒他，所以從新房到嫁妝，全部由詩詩一家出錢出力。詩詩的父母並不圖錢，只是看中了丁南的憨厚老實，沒有城裡人那麼多的油腔滑調。他們就詩詩這麼一個寶貝女兒，只求女婿能對女兒好，這就足夠了。他們無條件地接納了丁南，並且在生活各方面都對他們給予幫助，婚後的兩人世界很是浪漫和溫馨。

一年後他們的孩子出生，詩詩的父母忙於工作，孩子沒有人帶，所以婆婆就從鄉下過來幫忙帶孫子。詩詩的婆婆是地道的農民，和城裡人的習慣大相徑庭。雖然詩詩與婆婆格格不入，但她努力去適應和改善。讓人無法容忍的是婆婆根深蒂固的封建思想，也許是「多年媳婦熬成婆」的刻板觀念吧，婆婆認為作為家裡的媳婦，應該要圍著鍋臺轉，伺候老公和孩子才是天經地義的大事，她對自己兒子在廚房忙裡忙外、做飯做菜的行為極其不滿。婆婆不止一次提醒自己的兒子：「我們家的男人從不進廚房。」丁南總是一笑了之。詩詩為了討好婆婆，也去廚房幫忙，給老公打下手，學著做菜。為了一家人的和睦，詩詩逐漸放下大小姐的脾氣，盡力做家務，誰不希望自己的家庭美滿和睦呢？

春節時，詩詩給父母和婆婆都送了價格不菲的禮物，沒想到婆婆又不高興了：「一套內衣好幾百，這樣不知節儉，將來怎麼能過好日子？簡直太鋪張浪費了！」詩詩真的好委屈，跑去向老公訴苦。丁南卻說：「我媽歲數大了，妳就多讓著她點兒，以後多買些物美價廉的東西。」類似這樣的事情數不勝數，婆婆從未真正接受過詩詩的好意，最終都是以詩詩的忍讓甘休。

春節剛過，丁南老家的堂兄來了，他聽說城裡打工好賺錢，要托丁南給他在城裡找份工作，一家三口就這麼理所當然地，在詩詩家裡住了下來。從此詩詩的家裡成了丁南老家的救助站，時不時就會有遠房親戚過來投奔丁南，不僅供吃住，還要贊助錢。詩詩剛開始還能容忍，怎奈事情越演越烈。有一次丁南的小姪女，竟然拿著詩詩的口紅當起了彩筆，在牆上塗鴉。詩詩下班回家後見此情形，肺都要氣炸了，那可是她托人從法國帶回的名牌口紅啊！詩詩心疼不已！當晚，詩詩與丁南爆發了前所未有、最為激烈的一次爭吵。

「這個家我是待不下去了！要我就沒他們，要他們就沒我！我們家不是收容站，不是這些親戚的避難所，他們出去住旅館不行嗎？你不是救世主什麼忙都能幫，別再打腫臉充胖子了好嗎？」

丁南也不示弱：「當初我家窮，二大爺、三叔、四姑他們都齊心幫助我家，渡過一次次難關。現在我的日子好過了，他們有求於我，我怎麼能對他們的後代置之不顧？這麼做還有良心嗎？」

詩詩說：「你的心情我能理解，幫忙我也不反對，但凡事都得有限度，不能超出那個極限，人的忍耐力也是有限的……」

兩個人越吵越凶，寸步不讓，最後丁南氣極了，給了詩詩一巴掌。

詩詩震驚了！

婆婆聞聲進來，不僅不去責怪兒子，反而斥責詩詩的不對。婆婆說：「在我們老家，男人從來都是說一不二的，作為媳婦，永遠不能對丈夫還嘴。」她還教育兒子：「女人是『三天不打，上房揭瓦』（編註：形容人必須經常整治，否則就會胡鬧）。」在婆婆的參與下，夫妻間從每日小吵上升到了大吵特吵，終於鬧到了離婚的地步。那一刻，詩詩對這個家已沒有一絲絲的留戀，她這些年在婚姻上早已耗盡了所有力氣，她再也不能容忍下去了，毅然決然地帶著孩子，徹底走出這個令她傷心欲絕的家。

經歷了這場失敗的婚姻，詩詩終於醒悟：她與丁南的思想觀念和處世風格，幾乎都是相衝突的，既然誰都無法說服誰，誰也改變不了誰，不如早些放手，就算做不成朋友，至少不要變成冤家。

人生一場，誰都不是聖人，我們難免會走錯路、愛錯人。最初的選擇，誰都不知道最終會是怎樣的結果。上錯了車，千萬不要因為投了幣而不肯下車，因為那樣只會離正確的車站更遠，錯過人生更多美麗的風景！

來杯熱可可，甜笑一下

風花雪月固然迷人，
「務實」終究是愛情的破口：
有「錢」人終成眷屬，
有情人終成「怨偶」。
在感情與現實的撕裂之間，
蛻變的陣痛，好過一生為蛹。

國家圖書館出版品預行編目（CIP）資料

生活有點難，你笑得有點甜／周檀著. -- 初版. -- 新北市：
方舟文化出版：遠足文化事業股份有限公司發行，2021.04
320面；14.8×21公分. --（心靈方舟；AHT0029）
ISBN 978-986-99668-5-6（平裝）

1. 自我肯定　2. 自我實現

177.2　　110001118

心靈方舟 0029

生活有點難，你笑得有點甜

作　　者　周　檀
封面設計　木木Lin
內頁設計　王信中
文字協力　唐　芩
資深編輯　宋方儀
行銷經理　王思婕
總 編 輯　林淑雯

方舟文化官方網站

方舟文化讀者回函

讀書共和國出版集團
社長　郭重興
發行人兼出版總監　曾大福
業務平臺總經理　李雪麗
業務平臺副總經理　李復民
業務部專案企劃組經理　蔡孟庭
業務部專案企劃組專員　盤惟心
實體通路經理　林詩富
網路暨海外通路協理　張鑫峰
特販通路協理　陳綺瑩
印務　黃禮賢、李孟儒

出 版 者　方舟文化／遠足文化事業股份有限公司
發　　行　遠足文化事業股份有限公司
231 新北市新店區民權路108-2號9樓
電話：（02）2218-1417　傳真：（02）8667-1851
劃撥帳號：19504465　戶名：遠足文化事業股份有限公司
客服專線：0800-221-029　E-MAIL：service@bookrep.com.tw
網　　站　www.bookrep.com.tw
印　　製　通南彩印股份有限公司　電話：（02）2221-3532
法律顧問　華洋法律事務所 蘇文生律師
定　　價　340元
初版一刷　2021年4月
初版三刷　2022年3月